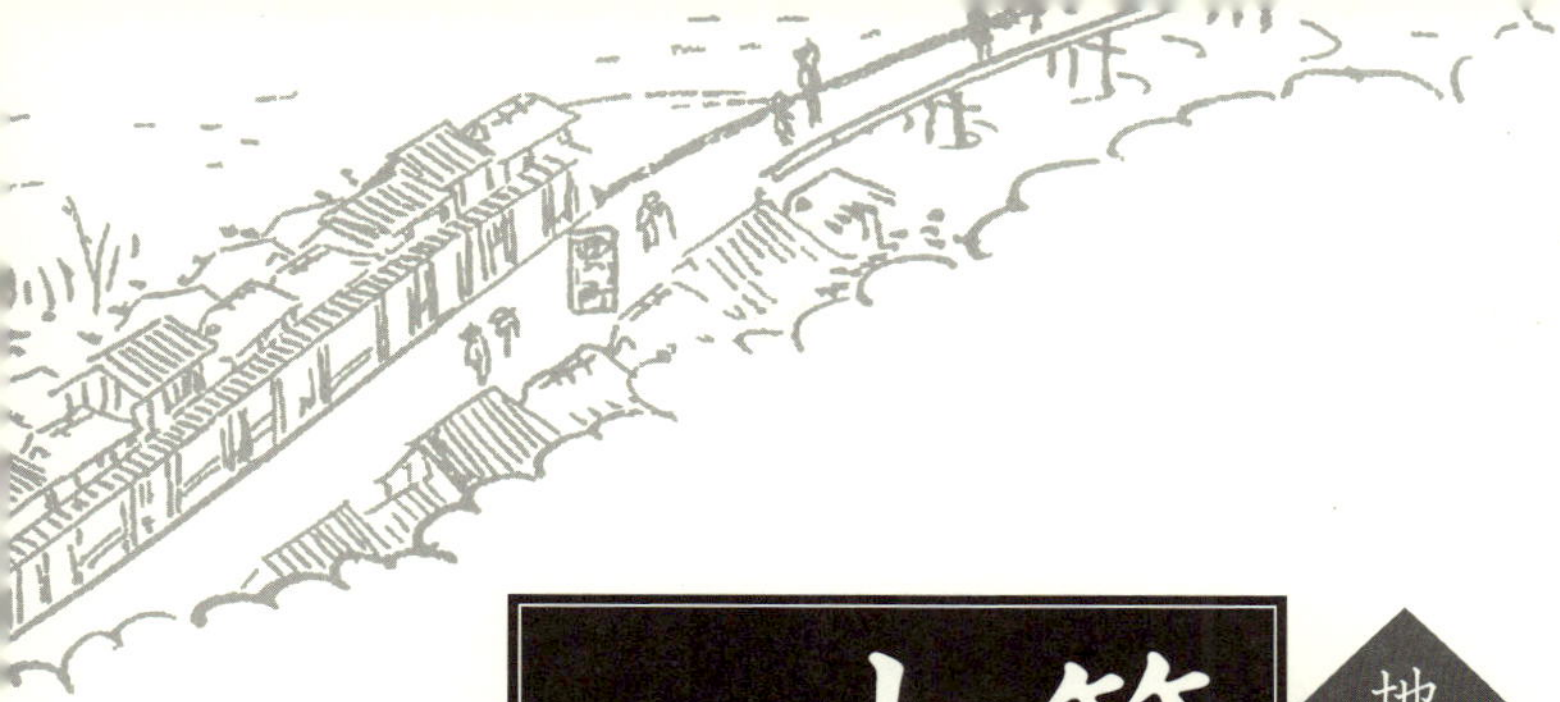

地形から読む

筑前の古地名・小字

池田善朗
Ikeda Yoshiro

石風社

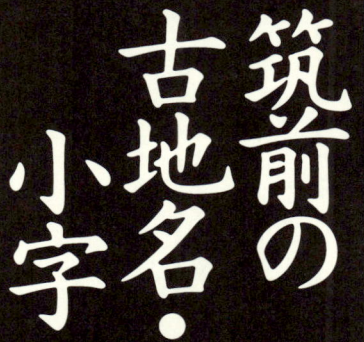

カバー・大扉　「筑前名所図会」奥村玉蘭・部分
カバー　「二万五千分ノ一地形図」国土地理院・部分

序に代えて

私たちは、なぜ、森羅万象、モノやコトに命名し呼称するのか。

それは、そのものを他と区別し特定するためだ。それには、そのモノやコトがもつ特徴を捉えるのが誰れにでも理解されやすく一般化も早い。

地名もまた同じ。地形がもつ特徴（スガタ・クセ）を捉えて呼称し、地域社会に認知されるようになると「地名」となる。

＊

往古、人々は大自然と共存し己の目の高さで地形を見た。河川の氾濫に遭うと高台へ逃げ、山が崩れれば平地に避難した。連なる稜線を仰ぎ見、或るいは山頂、峠から俯瞰して地形のスガタやクセが異なる特徴を時間空間の中で捉え呼称した。それが地域社会で認知され共有の地名として定着した。

そして、この国に書きコトバ（文字記号＝漢字）が普及するまでは、地名は話しコトバ（音声記号＝ヤマトコトバ）で伝播継承された。したがって古い地名の語音は地形のスガタやクセを知らせていた。

つまり、元々地名とは「人が自然と関わるなかで呼称した地形」だったといえよう。後世、古い地名の語音（ヤマトコトバ）が知らせるメッセージを考慮せず佳字、好字の漢字を当てたために苦い経験を忘却の彼方に追いやってしまった。とりわけ、小字《こあざ》はその界隈の地形がもつ歴史、宗教、地理、地質、自然現象、過去の災害などを語っている。例えば、家を建てようとする土地が小字、大字で何と呼ばれていたかを確かめることで無用な難を逃れる場合もあるだろう。どちらも幸せを願う気もちには変わりは無かったのだが。漢字と仏教の渡来が後世の人々の地名の呼称に思いもよらない変化を及ぼしたといってもよいだろう。

したがって、古くからある地名の由来を探るには漢字（書きコトバ）ではなく、地名の音《おん》（ヤマトコトバ）を手がかりにして語源・原義を考察すべきだろう。地名に当てた漢字が由来を語るのは後世のこと。

巷間に伝えられる地名の由来は相変わらず『記紀』を始め『筑前国続風土記』その他の記事を現代の科学の目で検証せず丸呑みにした子引き孫引きの引き写しばかり。これでは進歩がないし、地名の起源についての〝真実〟は不明のまま。現代に生きる人々が納得できる説明（論理）がない。従来の、漢字や伝説に付会した説明を聞かされても疑問が先に立ち、芯からの納得がいかない。

そこで私は筑前ノ国に古くから残る地名を訪ね、先祖が遺した語源のもつ原義を探り教訓を掘り起こしてみようと思いたった（なお、ここでいう古いとは、新しくとも平安時代を含む以前のヤマトコトバと考える）。

＊

地名学の世界に足を踏み入れてみると、国語学、歴史学、考古学、地理学、地質学、民俗学、宗教史学その他の学際的視野が必要であることを痛感した。地名の研究にあたっての留意事項があるので、そのうちの幾つかを次に挙げる。

①古くからの地名には、本来、音《おん》だけがあったもので文字はなかった。

②漢字のもつ多様な音訓から、どうにでも読むようになる（例・潰間《ツブ(レ)マ》→チウマ→中間→ナカマ）。

③現地を踏査して地形、呼称を確かめる。

④地図は読むもの。伝説は聞くだけ。

⑤解釈はまず日本語で。近隣語はその後。

地名学者によると、日本の古い地名はその九〇パーセント以上が地形をいい表していて、特に崖、崩壊地形を意味すると思われる地名の絶対数が多く、その用語が豊富だという。島国、台風、多雨、洪水、地震、津波、火山などの日本列島の自然現象を併せ考えれば当然のことだろう。

因みに、国土交通省が梅雨期を前に土砂災害等の危険箇所を調査したところによると、急傾斜崩落危険箇所は全国で三十三万余であり、土石流危険渓流は十八万余という（西日本新聞、平成十五年四月二十五日付）。

国語学者・大野晋氏がいうように、近代になって我々は学校教育を受けたため、文字に頼って知識を習得し思考を深め解明しようとする傾向がある。少なくとも古地名に関しては、ひとまず漢字を離れるべきだ。

地名の語源・原義を探るとき、厄災を暗示する地形を知る場合がある。これらを現代の目で検証し防災に役立てるのも可能だと思われる。転ばぬ先の杖として——。

*

私は地名学の専門家ではない。学者の驥尾《きび》に付したに過ぎない。単に地名の解釈を連ねても読者には面白くないだろうと思い、地名にまつわる私の想い、学習したことを付記して〝読み物〟としても読み得る体裁とした。

なお、

1　地名呼称の語音は、旧村名は『福岡県地理全誌』を、小字のそれは『筑前国字小名取調帳』で振られた訓《ヨ》ミガナを参考にした。

2　著名な地名にも拘わらず本書に採り上げていないのは次のような理由による。
・その由来が明確である（例：春日、太宰府）
・宅地造成などによる新しい呼称（例：地行、春吉）
・資料不足や筆者の不明で研究中（例：〇〇丸、前原、雁ノ巣、三日月山）
・誰しもが由来について推定できる（例：大名《ダイミョウ》、八幡）

3　各地名の説明の末尾に、旧郡村小名を例示しているのは、ほぼ同じ語源と推定される地名である。

4　写真説明で撮影者氏名がないものは、筆者自身の手によるものである。

以上を付記しておく。

福岡市東区 ……………… 19

福岡市博多区 ………… 53

福岡市中央区 ………… 75

福岡市南区……85

福岡市城南区……97

福岡市早良区……105

旧糟屋郡

その他

◉解説　地名用語とその成り立ち

地名の成り立ちを大まかに分類し、特徴的な呼称を次に取りあげる。

①地形

急崖、**急傾斜**、**平地**などを呼称するコトバにアタ、タツ、ヒラ、タヒラ他がある。このうち、ヒラとタヒラについて話をする。

ヒラは坂（傾斜地）を、タヒラは高低差のない平地をさす。例えば、新宮町平山は立花山の急斜面下の地域を呼ぶ。また、志賀ノ島弘《ヒロ》はヒラが訛った呼称で、波打ち際からすぐ斜面になった地形をさす。

崖地、**土石流**、**土砂崩壊**などを呼称するコトバに、アサ、アズ、アソなど他にもあるが、ここではアソ、アサマについて説明する。

これらはいずれも同じ語源で、阿蘇山、浅間山が代表的。大小を問わず火山の爆発、噴火に伴う噴石、溶岩が斜面を下る様を呼称し山名となったと思われる。富士山も頂上付近に浅間（センゲン）神社を祭祀していることから、寺田寅彦は往昔はアサマと呼称したのではないかとしている。フジ山の呼称は、となると地名研究者の間でも諸説あって定説がない。

河川の多くは井、ヒ、カハなどで呼称される。氷川《ヒカワ》、大井川のような二重語、中には樋井《ヒヰ》川、揖斐《イビ》川のような三重語の呼称もある。

川の呼称は岸辺に住む人々が身近な存在として呼んだ。大川がそれ。源から河口まで一つの名で呼ぶのは地理学者や河川土木関係の省庁。例えば多々良川は金出川（篠栗町）、大川（粕屋町）、多々良川（東区）、名島川（東区）と呼称が変わってくる。

沼、氾濫源、湿泥地、干潟などでもいろいろ呼び方があるうちのコヒジを例にあげる。これは泥《コヒジ》のことで干潟の泥地をさす。旧津屋崎町の小字に恋《コイ》の浦がある。津屋崎と渡との間の入江が勝浦《カツラ》の方へ奥深く入った地形を呼ぶ。東区箱崎には恋町の小字があり、同じような湿泥地をさす。語音に粋な漢字を当てたものだ。

②**宗教色の強い地名**は山岳宗教に関わる修験者（山伏）の活動のあとがうかがえる。これらは寺社名がもとになったのではなく、地名の語音に、漢字に長けた宗教者たちが佳字、好字を当てて様々の伝説を付会したものが圧倒的に多い。

③**歴史的事象に関わる地名**では、大道《オオミチ》（公道、修験ルート）、百道《モモチ》など数多く、中には後世に付会したと思われる地名もあり、よく吟味する必要がある。

④**新地名**には、明治二十三年の旧村合併でできた地名がある。旧村名の一字をとって組み合わせてできたもので、例えば南区警弥郷は、上警固、弥永、郷口の三村合併によるもの。また、千葉県津田沼は、谷津、久々田、鷺沼の三村がもとになった。

因みに、岩手県小岩井農場は設立者三名の小野、岩崎、井上からとったもの。

⑤**接尾語**

——コ：場所、方向を示す。［都、呼子］

——カ：場所。〔山鹿、山家、浅香、中山香〕

——キ：場所、部分。〔秋月、益城、岬、箱崎、大木〕

——シ：方角、方向。〔東《ヒムカシ》、西《イヌルシ》、北《キタナシ》〕

——ス：場所。〔洲、来栖〕

——タ：方向、場所、部分。〔下、端、辺〕

——チ：場所。〔道、土、縁〕

——テ：方向、場所。〔鞍手、横手〕

——ト：場所。〔荒戸、勢門、酒殿〕

——ニ：場所、粘土質。〔国、谷、埴→羽根戸〕

——ヘ：場所、端。〔部木、池辺、岡部〕

——メ：小さなこと。〔外海、外目〕

——モ：方向、辺。〔下、大野下〕

——ヤ：萢（湿地）。〔糟屋〕

——ラ：場所、方向。〔浦、面、平〕

——リ：場所、方向。〔川尻、井尻〕

◉福岡市東区

【志賀ノ島・海ノ中道・和白・香椎周辺】
【千早・名島・多々良・蒲田周辺】
【箱崎・松島周辺】

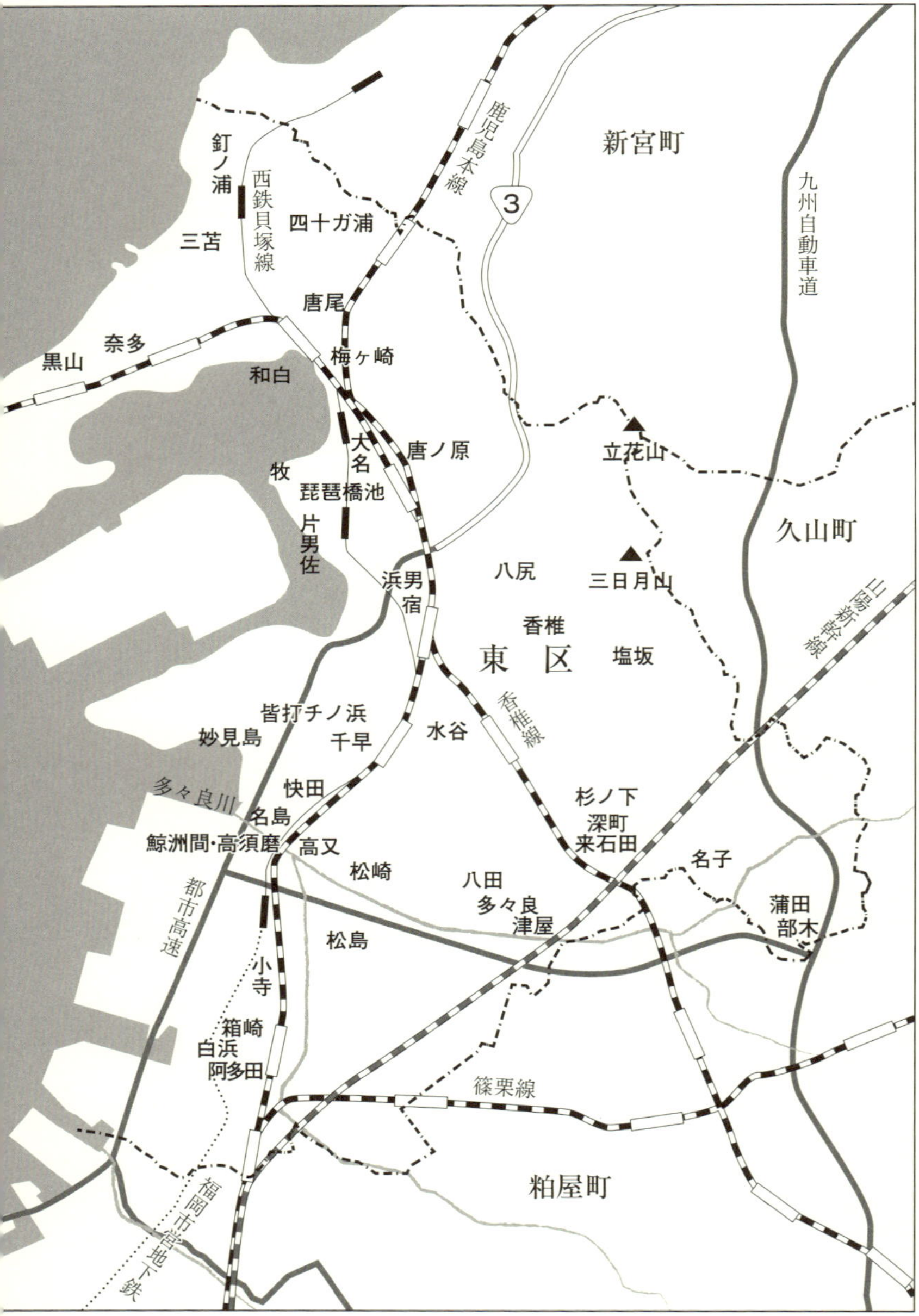

新宮町
鹿児島本線
3
九州自動車道
釘ノ浦
西鉄貝塚線
四十ガ浦
三苫
唐尾
奈多
黒山
和白
梅ヶ崎
大名
唐ノ原
立花山
牧
琵琶橋池
片男佐
久山町
浜男宿
八尻
三日月山
山陽新幹線
香椎
東区
塩坂
香椎線
皆打チノ浜
妙見島
千早
水谷
多々良川
快田
名島
杉ノ下
深町
鯨洲間・高須磨
高又
来石田
名子
松崎
八田
蒲田
多々良
部木
津屋
都市高速
松島
小寺
箱崎
白浜
阿多田
篠栗線
粕屋町
福岡市営地下鉄

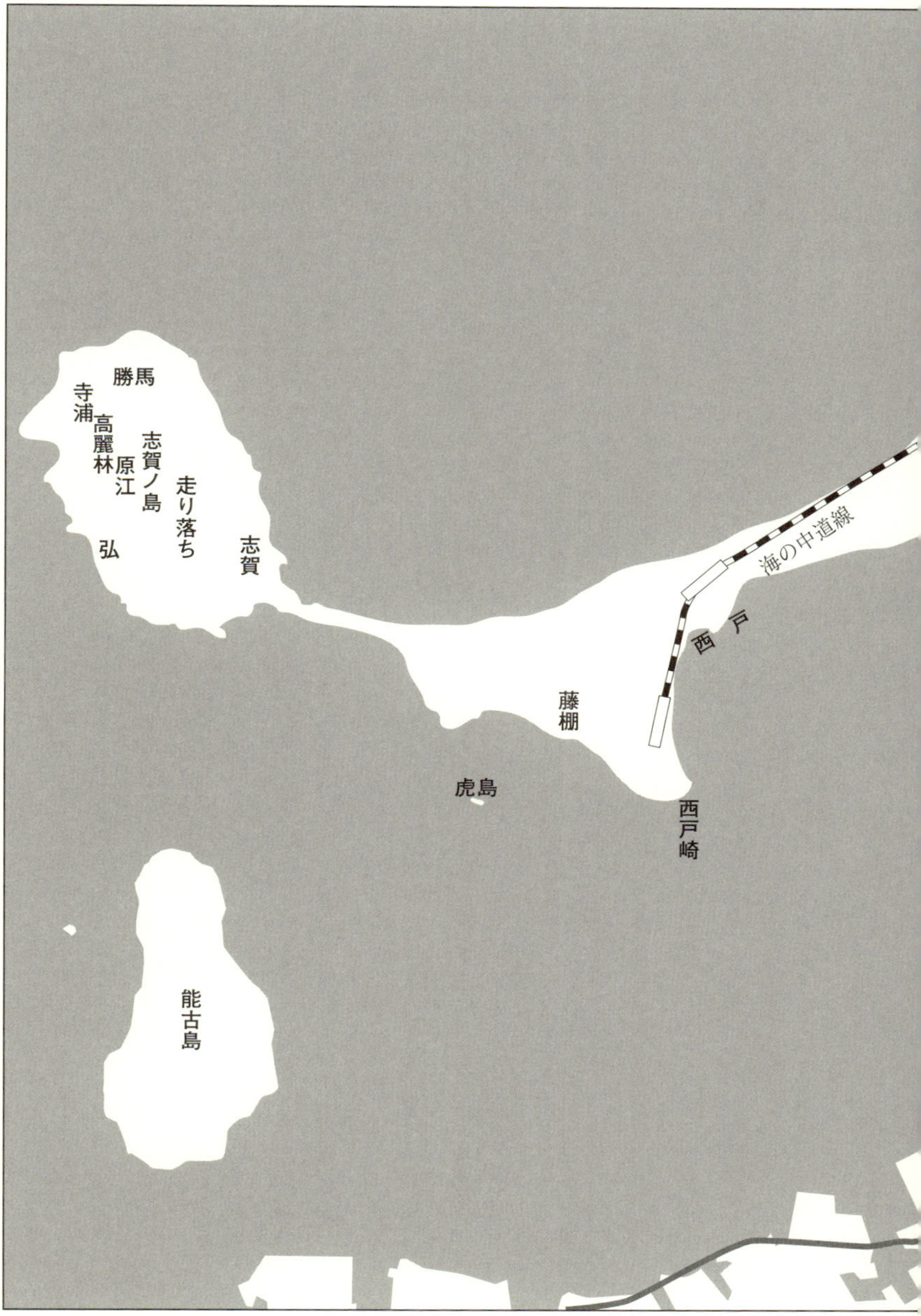

勝馬
寺浦
高麗林
原江
志賀ノ島
走り落ち
弘
志賀
海の中道線
西戸
藤棚
虎島
西戸崎
能古島

❖志賀ノ島・海ノ中道・和白・香椎周辺

志賀［スカ→シカ］

語源は**州処《スカ》**。カは在《ア》リカ、住《ス》ミカと同じ語音で場所を表す接尾語。原義は砂州の処。北部の勝馬地区がスカの地名の発祥地と思われる。後世、シカの語音に志可、志珂などを当てたが、佳字の志賀に落ちついた。

　志賀ノ島はその地形から、往昔はカツ島、アズミ島と呼称されたのではないか。なぜなら、島全体が崩壊しやすい花崗岩の風化した地質であり、現代でも大雨や、玄界島沖地震による大規模な急崖の崩落陥没（六十二ヵ所）など、何かと小さな土砂崩れを繰り返しているからだ。

　いつの頃か、それまで勝馬地区に鎮座していたワタツミ神社が何らかの理由で現在地に転座し志賀海神社を名乗ったと考えられる。転座した先の〝勝山《カツヤマ》〟は搗《カ》ツ山の意ではないかと思われる。搗《カ》ツは打ちたたくという意で、崩壊しやすい急崖の地形をさす。玄界島沖地震の時、神社裏山の急崖が大崩落をおこしたことや、現在でも豪雨が降れば近辺では崩落現象が見られる。

　そんな危険な場所に、なぜ、敢えて鎮座したのだろうか。海の神に不似合いな〝山ほめ祭り〟を儀するのも山崩れの厄災除けの願いを込めてのことだろう。本殿下の一ノ鳥居を透して彼方に背振山が望まれる。そこは密教の道場があった。当社がこの地に転座した理由の一つになりそうだ。偶然だろうが、気になることは当座から宝満山（修験道場）を望むと、その線上に筥崎宮、宇美八幡宮が列《なら》ぶ事実である。実際、志賀の漁師は筥崎宮との関わりをもつ。

志賀島東側（勝山）。平成17年の西方沖地震によって斜面が崩壊

『和名抄』に記載の糟屋郡安曇郷のアヅミは崖、傾斜地を意味する語音。信州の北南、両安曇郡は到る所で北アルプスの断崖が目立つ。だから、海人族の移住説は付会で、単に地形が似通っていたが故の伝説ではないかとみる地名学者もいる。

波の上を波が走る冬場の志賀ノ島は様相を一変する。東側の磯場は白い波の華が舞い周回道路を走る車にペッタリ貼り付く。また、畳より大きなイカや葵貝が打ち寄せる。冬の卓越風が止むと玄界灘は縮緬じわの細波が覆う。

潮見公園は最高地点（高約一七〇メートル）に位置しているので大変眺めが好い。三郡山地と背振山地に囲まれた古代国家奴ノ国から現代へ生き続ける歴史都市福岡市街は指呼の間。博多湾、玄界灘を眼下に見る。潮見公園を地元の人は〝デンタン〞と呼ぶ。電波探知機《レーダー》のことだ。アメリカ占領軍がこの高地にレーダー基地

三郡山を背にした筥崎宮。三郡山頂上は航空用レーダー基地

を設置し朝鮮戦争に飛び立つ軍用機をコントロールした。もちろん日本最初のレーダー・サイト。航空交通管制協会編『新・航空管制入門』によると、一九四八年のベルリン大空輸の経験を生かしてのレーダー管制だったという。昭和二十五（一九五〇）年、板付に福岡センターを設けた。

勝馬 【カツ・マ→カツマ】

語源は**搗《カ》ツ・間《マ》**。原義は崖地が崩落した処。搗《カ》ツは打ツ、叩《タタ》キ落トスなどの意があり、夏の甲子園名物〝搗《カ》チ割《ワリ》氷〟のカチと同じ。間《マ》はある範囲の場所をさす（床ノ間、仏間、茶ノ間など）。つまり、カツマは崩壊しやすい地形を呼称していると言える。カツの語音に好字の勝を、マは佳字の馬（神様の乗り物）を当てた。

集落は志賀ノ島の北部に位置しているが、考

西区愛宕神社から海の中道を望む

古学調査の成果（遺跡の分布密度、出土品の内容や量）と、急崖の続く海岸線に囲まれた島全体の中でここだけ緩傾斜地。砂州がある地形を併せ考えると、志賀ノ島の歴史はここ勝馬地区（旧勝馬村）から始まったようだ。近辺の能古、玄界、小呂の各島と異り、島で唯一の広い州処《スカ》があり小字で**寺浦**《テラウラ》（←緩《タラ》・末《ウラ》。原義は奥まった緩い傾斜地）と呼ぶ地形。万葉歌に詠まれた大浦も小字として現存している。テラはタラが転じたダラダラと同じ語源で、緩慢な状態を呼ぶ。漢字の寺は後付けの表音文字に過ぎない。ウラは、奥へ入りこんだ地形を呼ぶ。

志賀ノ島は花崗岩質が風化したいわゆる〝真《ま》砂《さ》土《つち》〟で覆われており、過去現在を問わず大雨が降ると大小の土砂崩壊が島内のあちこちで見られる。

・旧嘉麻郡戈田村勝馬／漆生村勝間／赤坂村勝島《カチシマ》

なお、舞能《マイノウ》（←前ノ）浜の沖合い一〇〇メートル程の処に小さな島がある。志賀海神社の沖ツ宮だ。春分の日前後の大潮の頃が一年でいちばん潮の引き方が大きいので徒歩《かち》渡りできる。島の周囲は荒磯。ほぼ二〇〇メートル南の勝馬小学校隣の小山には中ツ宮が鎮座し、そのまま南へ三〇〇メートル程延ばすと宇賀神社が在る。ここは表《ウハ》（上）ツ宮の跡ではないだろうか。金井典美著『湿原祭祀』（法政大学出版局）によると〝宇賀〟も〝須賀〟も語源は同じで、豊葦《とよあし》原《はらの》千《ち》五《い》百《ほ》秋《あきの》瑞穂国《みずほのくに》を願って古代人が祀った湿原（浮島）の守護神。

高麗林 ［タカラ・ハヤシ→コウライ・バヤシ→コマバヤシ］

語源は**高処《タカラ》・逸《ハヤ》シ**。語音に高良林を当て高麗林と転じた。逸《ハヤ》シは速シ。原義は急傾斜した高地。

・糟屋郡宇美町早見、
・城南区梅林

原江 ［ハル・ウヘ→ハルヘ→ハルエ］

語源は**墾地《ハル》・上《ウヘ》**。原義は開墾地の上。斜傾地の奥まった辺りを呼ぶ。ハラエは当てた漢字に準じた呼称。

走り落ち ［ハシリ・オチ→ハシリオチ］

原義は急傾斜地。潮見公園から船着場へ下った山道付近を呼ぶ。オチと似たコトバにオリがあるが、オリよりは急な印象の地形を呼ぶ。東側は**大杉**（坏《ツキ》→杉）、西側は**杉ノ浦**と呼ぶように高く突き上げた尾根が細長く入り込んだ谷状の地形。ツキは古代食器のタカツキ（高坏）と同じ語源で、高くなった状態をさす。志賀ノ島は不規則な尾根筋と細長いウラ（入りこんだ地形）が散在する。

・旧糟屋郡唐ノ原村走折《ハシリオリ》
・旧御笠郡吉木村走折《ハシリオリ》
・旧下座郡三奈木村走《ハシ》り下《オ》り／来春村折元《オリモト》

弘［ヒラ→ヒロ］

語源は**傾斜地**《ヒラ》。古語で坂、傾斜地、崖などをさす。後にヒロと訛って好字の弘を当てた。一方、高低差のない平坦地はタヒラと呼ぶ。現地は海に面した急傾斜地で平地らしいゆとりがない。

・長崎県平戸市

虎(島)［タラ→トラ］

語源の**タラ**はゆるい状態をダラケル、タラタラというのと同じ呼称で、テラも同じ語源。ここは波食によって崩壊した島が形を失くして瀬のような地形をいう。

・旧糟屋郡箱崎村小寺《コデラ》／勝馬村寺浦《テラウラ》
・旧遠賀郡頓田村小寺《コテラ》
・佐賀県多良《タラ》岳
・長崎県五島寺島《テラシマ》

藤棚［フチタナ→フジダナ］

語源は**縁棚**《フチタナ》。原義は湿地に接した縁が棚のような地形。近くに久保《クボ》（←窪）と呼ぶ地名があるように、一帯は海水が入り込んだ湿地帯だった。タナは棚地のような微高地を呼称。因みに「棚」は『日本書紀』(垂仁) にも出てくるコトバ。

西戸［サヘ・ト→サイト］

語源は**塞**《サヘ》**・処**《ト》。原義は視界を遮る処。箱崎浜から沖を眺めると志賀ノ島と能古ノ島の間から玄界灘まで見透しが利くが、多々良川を渡って名島、香椎からでは南へ延びる西戸の陸地で隠されてしまう。地理的位置関係からの呼称だろう。サヘトの陸地が香椎から見て西の方位に位置することから、語音の近い西戸を当てたと思われる。その先端を後世になって西戸崎と呼称。

香椎・三日月山頂から海ノ中道、西戸崎を望む

なお、〝海ノ中道〟の呼称は『国歌大観』をあたってみたが、およそ平安時代あたりに始まったと思われる。

奈多 【ナダ／ナガタ→ナタ】

語源と原義は次の二つが考えられる。

①**灘**《ナダ》（ナダレルことから荒海を呼んだ）

②**長処**《ナガタ》（奈多で長く続く地形は崖地・砂丘）

・旧宗像郡神ノ湊村灘《ナダ》／鐘崎村灘《ナダ》

・旧志摩郡宮ノ浦村灘／西ノ浦村ナタ

鎌倉期の建武元年（一三三四）の書状に「奈多」の地名が見える。

ごく最近まで奈多から三苫へかけて一面にサツマ芋畑が拡がっていたが今はマンションに占められている。因みに平戸イギリス商館長リチャード・コックスの日記（一六一五年、元和元年六月十九日付）に次のような記事がある。

私は今日、庭を造り琉球から来た芋を植えた。日本ではまだ植えたことのないものだ。

三苫［ミ・ドロ・マ→ミトマ］

語源は**水**《ミ》・**鈍**《ドロ》・**間**《マ》。原義は水を被った遠浅の湿泥地のこと。鈍《ドロ》は緩い遠浅の干潟（泥地）をさし、マは場所、地域を呼ぶ。因みに大濠公園西側の鳥飼《トリカヒ》は鈍《トロ》ヶ干《ヒ》の訛った呼称。

地質調査図によると、みとま保育園の在る高まりの地付近は海成層（海底に土砂が堆積してできた層）がない。博多湾の海水は新宮町湊へ通り抜けてはいないようだ。新宮町湊の古老の話によると往昔、湊からみとま保育園付近までは舟で入り、高まりを徒歩で越えると再び舟で和白へ向かったという。室町中期の文書にこの地名が見える。一般的に、土地の有力者の苗字は地名を名乗るのが通例で、三苫氏も同じと思われる。

三苫小学校西門側の粗地《あれち》（現在は住宅地）に稲荷社が鎮座している。祠の前から赤い鳥居を通して真直ぐに参道の延長線上を望むと前方に立花山が位置する。しかも冬至前後一週間の日ノ出は立花山中央から昇る。しかし近年、周辺地域の宅地造成にあわせて祠、神域を整備したため鳥居、参道、祠の向きが不統一な位置関係になった。また、すぐ目の前に住宅が建て込んで立花山すら望めなくなった。

黒（山）［クロ］

語源は**畔**《クロ》。原義は細長い高まりの続く地形。三苫から奈多へかけて海沿いの丘陵を呼称。

・東区名島黒崎
・北九州市八幡西区黒崎

釘ノ浦 [クキ・ノ・ウラ→クギノウラ]

語源は**茎《クキ》・ノ・末《ウラ》**。原義は山陵と山陵とに挟まれた細長い低地。ウラは入り込んだ地形を呼ぶ。

・北九州市洞海湾（↑クキノウミ）

四十ガ浦 [シシク・ガ・ウラ→シジュウガウラ]

語源は**縮《シシ》ク・ガ・末《ウラ》**。原義は山肌が縮んだようにシワが寄った地形。三苫、和白、新宮に囲まれた丘陵地帯。「明治三十三年測図」を読むと美和台小学校付近から四十ガ浦池へかけて奥まった（末《ウラ》）丘陵の裾をさす。今では美和台四、五丁目の池に沿った道路が蛇行して名残りを見せる。因みにシジミ貝はアサリ貝が縮んだサイズの貝の意。

・旧糟屋郡鹿部《シシブ》村

・埼玉県秩父《チチブ》郡

和白 [ワ・シル→ワシロ→ワジロ]

語源は**曲《ワ》・汁《シル》地**。原義は海から曲がり込んだ湿泥地。ワシルの語音に好字の和白を当てた。塩浜集落と和白駅付近が湾口となって上、下和白へ向かって湾入した地形を呼ぶ。ボーリング調査でも高見台下付近まで海成層をなす。『香椎宮史』によると文安五年の文書では「和志良」、永禄三年で今の表記。

和白の地名を朝鮮語で説明する人がいるが、大野晋著『日本語練習帳』（岩波新書）では次のように記している。

朝鮮語の音《おん》はハングルのできた十五世紀中頃までは遡れるが、それ以前の古代朝鮮語の音はよくわかっていない。それにひきかえ、日本語は『万葉集』のできた八世紀末までは遡れる。
中世末期の文書に当地名「和しろ」が見える。

唐尾 ［カレ・ヲ→カラオ］

語源は**涸《カ》レ・尾《ヲ》**。原義は湿地が涸れて陸地になった所。尾《ヲ》は末端をいい、陸地に近い所を呼称。和白駅あたりから高見台下、下和白まで奥深く入っていた海水が後退して遠浅の湿地帯（潟）となり、それが年代を経るにつれて涸れた所。和白病院付近の小字地名。一帯が潟地との接点（尾）だった頃の呼称だと思われる。

・早良区唐木《カラキ》（←涸《カ》ラ・処《キ》）
・旧糟屋郡柚須村唐臼《カラウス》／大隈村唐臼《カラウス》（←涸《カ》ラ・太《ウ》・洲《ス》）
・旧御笠郡吉木村唐木《カラキ》
・福岡市中央区平尾
・北九州市八幡西区折尾
・佐賀県唐津市（←涸《カ》レ洲）

梅ヶ崎 ［ウメ・ガ・サキ→ウメガサキ］

語源は**埋《ウメ》・ケ・崎《サキ》**。原義は湿地帯を埋め立てて造成した陸地の先端部。

・城南区梅林《ウメバヤシ》
・大阪市梅田《ウメダ》

大名 ［オ・ミャウ→オオミャウ→オオナ］

オは接頭語。京都大原《オハラ》、太宰府大原《オハラ》と同音。現地は唐ノ原川沿いの微高地。八女郡黒木町の矢部川左岸、串毛付近に上名《カミミャウ》、中名《ナカミャウ》、下名《シモミャウ》と呼ぶ地域がある。ここのミャウは地形ではなく名主、名田と同音同義で、香椎宮或いは関係者の開墾地ではなかったかと思われる。

・佐賀市金立町東名《ヒガシミャウ》

唐ノ原 【タワ(ム)・ノ・ハル→トウノハル】

語源は撓《タワ》(ム)・ノ・墾地《ハル》。原義は谷底平野の地形を開墾した所。ハルの語音に原の漢字を当てるのは中世以後の開墾地の特徴。墾は律令期、治は平安期の表記（『地名用語語源辞典』による）。

旧唐ノ原村の小字地名からもその地形や歴史が想像される。

永浦、浜田、外輪《ソトワ》崎、新開、大新開、向新開、大石ヶ浦、大谷、舟付《フナツキ》、牧《マキ》

牧 【マク→マキ】

語源は巻《マ》ク。原義は高地が丸くぐるりと巻いたようにして張出した地形。牧ノ鼻公園を最高地点とした香住丘五丁目を呼ぶ。四丁目と隔てた独立の高地。

・旧怡土郡松園村牧ノ浦／神在村牧
・旧志摩郡草場村牧ノ原／小田村牧／野北村牧ノ内
・北九州市戸畑区牧山
・大分県久住山牧ノ戸温泉

琵琶橋(池) 【ヒハ・ハシ→ビワバシ】

語源は脆弱《ヒハ》・端《ハシ》。原義は崩落しやすい地形の端部。糟屋地方の方言で病弱な幼児を〝ヒワヅにある〟という。「ヒワヅ」は『源氏物語（柏木）』にも見える古語。

平成十七年（二〇〇五）三月二十日の玄界島沖地震でも、この界隈に避難命令が発令され集中的に屋根瓦の破損、小規模の崩落、陥没の被害がみられた。

・旧糟屋郡小竹村ヒハノキ
・旧御笠郡西小田村枇杷《ビワ》ノ甲

・旧夜須郡持丸村琵琶《ビワ》篭《コモリ》／馬田《マダ》村ヒハ／石櫃《イシヒツ》村琵琶《ビワ》ノ首
・旧志摩郡井田原村琵琶《ビワ》ノ首
・旧早良郡西村枇杷《ビワ》ノ久保
・旧遠賀郡立屋敷村枇杷《ビワ》首／下二村琵琶《ビワ》首
・旧鞍手郡勝野村琵琶《ビワ》ノ前／宮田村枇杷《ビハ》ヶ瀬／長井鶴村枇杷《ヒワ》ヶ瀬／御徳村琵琶《ヒハ》
・旧穂波郡片島村ヒワツル

ヒハの語音に琵琶の漢字を当てたのが圧倒的に多いのは、楽器の方が枇杷よりも一般に親しまれ上品さを感じさせたのだろう（佳字）。

片男佐［カタ・ヲ・サ→カタオサ］

語源は**肩**《カタ》**・峰**《ヲ》**・サ**。原義は高さを感じる段差の地形。低位海岸段丘のことか。ヲ（峰）は周囲よりも高みの地形をさす。サは方向、方角、上下を意味する語につく接尾語。糟屋の方言で〝どこサ、行きよるとや？〟がある。

『香椎宮史』では永禄三年（一五六〇）の記事に「片長」と表記。

・旧糟屋郡甲宇美村長《ナガ》曰佐
・旧那珂郡那珂村深《フカ》曰佐／曰佐村
・旧御笠郡若江村永《ナガ》於佐／西小田村長ヲサ
・旧早良郡東入部村ナカヲサ
・旧志摩郡久我村長ヲサ
・旧嘉麻郡有井村長ヲサ

『福岡藩御用帳』に博多湾対岸の奈多村から浜男村片岡（現在の片男佐）に出作り（集落から離れた開墾地）の許可願いが出ている記録がある。舟を利用して耕作に来たようだ。『字小名取調帳』の浜男村と奈多村の両村に片男佐が記載されているので奈多公民館に確かめたところ二重記載の疑いがあるとのこと。

大正二年（一九一三）、奈多村で大火があり、その復興資金に充《あ》てるため博多湾鉄道（現・西鉄貝塚線）の太田清蔵氏にこの地の買い上げを要請した。

浜男［ハマ・フ→ハマ・ウ→ハモウ→ハマオ］

語源は**浜《ハマ》・節《フ》**。原義は砂浜に面した高地。JR香椎駅後方から駅構内、駅前の浜男神社へかけての高台（向江《むかいえ》公園）を呼称。その砂浜（『万葉集』でいう香椎潟）に土堤を築いて西鉄線が走っていた。香椎会館傍らの浜男神社（香椎宮末社）一帯の高台が地名発祥の地と思われる。往古は砂浜をハマ、磯浜はイソと区別していた。フは竹の節のように高まりの地形を呼称した。しかし、区画整理事業で平坦地に均されてしまった。

ハモウの語音に浜男をあて神功皇后の伝説（頭髪をみずらに結い男装して三韓征伐に出発した所）を付会した。古老はハモウの音《おん》に固執する。現在の香椎駅前一丁目にあたる。

宿［シク→シュク］

語源は**湿地《シク》**。原義はジクジクした湿地帯。水の引き方の鈍い低地帯を呼ぶ。江戸時代、ここは香椎村の出作り地（集落から離れ新しく開墾した所、『地理全誌』）。現代でも水没しやすい地形。平成二十一年（二〇〇九）十月十七日、博多湾の満潮に伴い一帯が冠水した。

次に挙げる宿は何《いず》れも川付きの低湿地であったと思われる。

・旧那珂郡板付村宿《シク》／和田村 宿《シュク》
・旧宗像郡田島村宿《シク》／畦町村宿《シク》
・旧朝倉郡山田村恵蘇ノ宿《シク》
・佐賀県三瀬村宿《シク》／麓村宿《シク》

立花(山)［タツ・カ→タチバナ］

語源は**立《タ》ツ・処《カ》**。原義は急傾斜の山。三つの頭をもって福岡平野に面しているので、その山容が目につきやすい。タツは急傾斜の地形をいう。カは処、場所を示す接尾語（アリカ、スミカ、カクレガなど）。タツカの語音に好字の立花を当てタチバナと訓よみした。真南の方向に牛頭《ウシクビ》（頚）山が座する。

福岡地方では山名の○○山をサンではなくヤマと呼ぶ傾向がある。宝満山はサンが本来の呼称だろうが、地元の古老は〝宝満山《ホウマンヤマ》から後ろ跳び〟などと称する。

塩坂［シボ(ル)・サカ→シオサカ］

語源は**絞《シボ》(ル)・坂**。原義は布を絞ったような狭い坂道。長谷《ナガタニ》と香椎を繋ぐ峠道。シボサカの語音に近い漢字で、貴重な食材の塩を当てた。

八尻［ヤチ・シリ→ハチジリ］

語源は**湿地《ヤチ》・後《シリ》**。原義は浜男川沿いの湿地帯が奥まった処。ヤチの語音に佳字の八を当てたため、後世、ハチと転じた。ヤチはヤ、ヤツ、ヤト、ヤタなどと同じく低湿地の意の地名用語。方言に女陰をヤチと呼ぶ地方がある。

香椎［カシ・フ→カシヒ→カシイ］

語源は**傾《カシ》(グ)・節《フ》**。原義は高地が傾斜しながら海へ落ちる地形。

カシヒの表記は古来からいろいろだったが、好字の香椎に落ちつくあたりで神功皇后伝説を付会したのだろう。

かしふ江に鶴鳴き渡る志賀の浦に
沖つ白浪立ちし来らしも

（『万葉集』巻十五・遺新羅使）

香椎宮境内に御神木と称する〝綾杉〟がある。ホンスギ同様に日本海側型のスギらしい。

古来、山岳信仰に発する行者たちが居たが、七世紀頃から仏教、道教の影響を受けて竈山修行する者が現われた。求菩提山、英彦山、宝満山、背振山などを霊場、道場として山岳宗教の修験者（山伏）となった。若杉山に太祖宮を祭祀する際、頂上付近の老杉（アヤスギ系）を親杉として枝を採取し、古宮から現在地に転座して聖母大菩薩と呼ばれる香椎宮境内に挿木《クローン》して神木と称し、綾杉の伝説を付会したと思われる。

九大名誉教授・宮島寛著『九州のスギとヒノキ』（九大出版会）によると、アヤスギ系のスギは耐寒・耐乾性が強く、挿木すると根付きが良好なので、九州北部に多いとのこと。太平洋側はヤクスギ系が多くみられるとか。

山岳宗教の修験者たちが各地に布教の場を設けるごとに神木として挿木したりして、各地の老杉（例・鬼杉、阿弥陀杉、行者杉、金比羅杉、大杵社《おおごしゃ》杉）を親とするクローン杉が広まっていったのだろう。北九州帆柱山の皇后杉の話もネは同じだろう。

水谷［ミツタニ→ミズタニ］

語源は**三《ミ》ツ谷《タニ》**。原義は三つの谷が口を出す処。唐津街道沿いで現・博多高校に近い辺りの地形。「明治三十三年測図」を読むと、現・水谷二丁目には溜池があった。後背の三つの谷の谷口が寄り合う処。宅地造成で谷も池も埋められて往古の地形は読みとれない。

昭和四十年代初頭まで、この近辺の丘陵でヨタカの鳴き声が聞かれた。

❖千早・名島・多々良・蒲田周辺

千早［チハヤ］

『地名用語語源辞典』（東京堂出版）によると、チハヤは岩崖の地形をさすが遠浅の海を埋立て造成した当地には全く不相応。強いていえば、〝粗れ地〟をさしたのかもしれない。近い処で、前原市千早新田（埋立地）がある。

　地名の由来は千早小学校の校名から。昭和三十八年四月、名島小学校千早分校として創立、命名された。市勢の膨張で児童数が増加し、香椎、名島小学校からの新五年生と新一年生の二学年で発足。RKBテレビで「都会の中の分校」として紹介された。分校創設にあたり、困ったのが学校名。香椎小学校からの分離派は御《み》幸《ゆき》小学校と、名島小学校側は汐《しお》見《み》小学校を主張してまとまらない。両者の間をとって〝名香野〟が提案されたが、当時の保護者の殆どが戦中派のためか、陸軍中野学校を連想しておちつかない。何せ、モトをただせば海のまっただ中。大字、小字の地名があろうはずがない。

昭和30年代の千早駅周辺

そこで浮上したのが苦肉の策、和歌の枕詞。

千早ふる香椎の宮の綾杉は
　神のみそぎに立てるなりけり
（『新古今和歌集』）

苦しい時の神頼み。チハヤの語音が開放音で語感が好い。文字も簡明で一年生でも書ける。これで大団円を迎えた。

なお香椎―名島間に鉄道（元・JR鹿児島本線）が開通したのは明治二十三年（一八九〇）九月。海中に土堤を築き線路を敷設。そのため、築堤と唐津街道の松並木（前ノ松原→舞松原）の間は湿地となった。

因みに夏目漱石は二回、車窓からこの景色を眺めている。一回目は熊本へ赴任するときに、二回目は新婚旅行で鏡子夫人と香椎宮に詣でたとき。

皆《ミナ》打《ウ》チ(ノ浜)［ミノウチ／ミノフチ→ミナウチ］

語源①**水《ミ》ノ内《ウチ》**。原義は、名島丘陵と香椎宮頓宮が座する丘陵とに挟まれ海が湾入した地形。

②**水《ミ》ノ縁《フチ》**。原義は海に臨んだ崖地。

③**水《ミ》ノ打《ウチ》**。原義は波食された急崖が続く処。

妙見島［ミョウケンジマ］

妙見とは妙見菩薩のこと。平安時代、密教系寺院では北極星、北斗七星を神格化して星祭(星供養会）を催していたが、妙見菩薩をその本尊とし北辰菩薩とも別称した。

そこで、この島を北の方角に望む、密教に関わりをもつ寺社は何かと地図上を南下すると筥崎八幡宮が鎮座。その関わりの度合いについては

『筥崎宮神佛分離に関する調査（報告・筑紫頼定）』や『筥崎八幡宮縁起・下巻（室町期社頭図）』などでも理解できる。

因みに、吉塚妙見の地名は近くの千代ノ森神社がその発祥と思われる。境内に、北辰社が末社として鎮座し、その位置は妙見島のほぼ南に在る。また、筥崎宮中秋祭（放生会）の御神幸行列は当社の前を通り吉塚本町を経て箱崎へ戻る。いわば、千代ノ松原（社領）の南端を確かめるルートではないかと思われる（篠栗道《みち》）。千代ノ森神社は筥崎宮社領の南端を標榜していたのではないか。

名島［ナデ・マ→ナジマ］

語源は**撫**《ナ》**デ・間**《マ》。松崎から延びた丘陵が弧を描いて、先端に名島神社が鎮座する黒（畔《クロ》）崎に達している。手を挿し入れて抉り取ったように、つまり撫で廻したように湾岸流で海食され崖地となって現在の地形ができた。

『海東諸国紀』の室町中期の応仁二年（一四六八）の記事に「名島」の地名が見える。

生母の話では、福岡市内を走っていた福博電車が終点の工科前から路線を延長し名島橋を渡って名島へ乗り入れる予定

香椎花園（片男佐ノ浜）から名島・妙見島を望む

お色直しをした現在の名島橋

だったが湾鉄が先に開通した（大正十三年五月二十三日、新博多―和白間）ので計画を中止したという。

快田［カイ・タ→カイタ］

語源は開《カイ》・処《タ》。原義は開墾地。語音に近い好字を当てた。

高又［タカ・マ・タ→コウマタ］

語源は高《タカ》・間《マ》・処《タ》。原義は高地。語音に当てた好字を読みかえた。

松崎［マス・サキ→マツザキ］

語源は真洲《マス》・崎《サキ》。原義は砂洲の拡がる処。『和名抄』では沙をマスと読ませている。マスサキが訛ったマッサキの語音に佳字の松崎を当てたため他郷の人たちはマツザキと呼ぶ。地名を正しく呼称してくれないのは地元の人にはとても耳障りだ。慶応大学の池田弥三郎さんも、秋《アキ》葉《バ》ヶ原《ハラ》、能谷《クマガイ》、山《ヤマ》ノ手《テ》線（戦後しばらくヤマテセンと呼称）などを例に不満を表明していた。

多々良［タタ(フ)・ラ→タタラ］

語源は湛《タタ》（フ）・処《ラ》。原義は川水を湛える処。往古、河口が湖水のように拡がる地形を呼称。多々良川は土井、八田へかけて蛇行し、この近辺で川尻が大きく口を広げた地形だった（「土地条件図・福岡」）ようだ。ラはソコラ、ココラ、コチラ、などのように場所を意味する語につく接尾語。

古代のタタラ製鉄を由来とするのが通説となっているようだが、次にあげるように、タタラを全て古代の製鉄場跡というには少しむずかしいのではないか。

・旧糟屋郡猪野村多々羅谷／南里村タタラ
・旧早良郡石釜村タタラ／内野村多々良瀬
・旧那珂郡埋金村タタラ
・旧怡土郡鹿家村多々良／松末《マスエ》村田々羅崎／長野村多々羅
・旧志摩郡野北村田々羅／岐志村大田多良
・旧宗像郡三郎丸村多々羅
・旧遠賀郡尾倉村多々羅
・旧鞍手郡黒丸村多々羅山／犬鳴村多々羅谷／感田村多々羅谷／四郎丸村多々羅
・旧嘉麻郡入水村タタ羅／椎ノ木村タタラ／屏村タタラ
・旧穂波郡阿恵村タタラ

ただし右の内、犬鳴村多々羅谷は江戸期、鉄山と称して鉄を生産していた。

津屋 ［ツヤ（ス）→ツヤ］

語源は**潰《ツ》ヤ（ス）**。原義は崖地が崩落した処。ここは立花道雪により松崎村から移住してきた記録（『続風土記』）がある。松崎村には小字として津屋の地名が残る。崖地崩壊の厄を恐れてか神社が二社、近接して鎮座している。

・旧宗像郡津屋崎
・旧朝倉郡中津屋村

八田 ［ハル・タ→ハッタ］

語源は**墾《ハル》・処《タ》**。ハッタと訛化。開墾地のことで、往昔、張田村と表記した時期がある。また、『香椎宮史』（天文十一年＝一五四二）に新《ニイ》張村の表記がある。開墾地をハルと呼び（『名義抄』）、律令初期は墾、八世紀後半以降は治、中世期は原を当てた。

タは方向、場所、部分、位置などを意味する語につく接尾語（コナタ、ソナタ、カナタ、アナタ、シタ、ハタ、ヘタなどのタと同じ）。タの語音に田を当てるのは、米がとれる願望の意で好字、佳字として。

旧八田村の小字には浦の地名が目立つ。地形的に丘陵の裾がシワが寄ったようにヒダになって深く浅く入っている。この入り込んだ処をウラと称し同じ音《おん》の漢字、浦を当てたもので、海水が入ってきていたのではない。

・旧名子村　勝田《カツタ》ヶ浦、棚ヶ浦、扇ノ浦、長浦、湯ノ浦
・旧八田村　焼《ヤキ》浦、末《ヒツジ》ヶ浦、土井ヶ浦、井《イ》樋《ビ》ヶ浦、寺浦、山ノ浦、小《コ》浦

杉ノ下 ［ツキ→スギノシタ］

語源は**坏《ツキ》**。原義は高台。高台の下辺りを呼称

した。ツキは高坏のツキと同じ意で、高まりの地を呼ぶが、ツキがスギと転じた。

深町 ［フカ（イ）・マチ→フカマチ］

語源は深《フカ》（イ）・湿地《マチ》。原義は深い湿泥地。マチは松の幹のように、水の流れが水路を定めずに流れるところ（湿地帯）の意。

名子 ［ナゴ（ム）→ナゴ］

語源は和《ナゴ》（ム）。原義は久原川が氾濫した後の土地（堆積地）が安定した状態の地形を呼称。「土地条件図・福岡」によると、猪野川の旧河道が大きく蛇行して本村一帯は氾濫原となっている。押し流された土砂が堆積して二つの微高地（自然堤防）を作った。名子の集落は土地の安定（和《ナゴ》ム）を待って人々が住み始めたのではないか。『慶長石高帳』（慶長七年）に村名が見える。『香椎宮史』には永正八年（一五一一）の記事に「奈古」と表記されている。一般には中世荘園主などに隷属していた下層農民に因む地名と考えられているが、地名学者・鏡味明克氏は、それは東北地方に分布する地名とのこと。

来石田 ［ライヂ→ライシ→ライシダ］

古いヤマトコトバには、頭音にラ行音がくることがないので漢字伝来以降の地名だろう。『岩波古語辞典』では、畾地《ライヂ》とあり、空地、余分の土地を呼ぶ。ライヂがライシと転じた語音に易しい表音文字として来石を当てた。

蒲田 ［カム・マ・タ→カママタ→カマタ］

語源は噛《カ》ム・間《マ》・処《タ》。原義は久原川が高地の裾を噛ムようにぶつかる処。タは場所、方向などを意味する語につく接尾語。東京大田区蒲田も高台の裾を呑川が蛇行し、少し離れた西側を多摩川が流れている。

平成十三年一月十三日、粕屋町教育委員会によって江辻遺跡発掘説明会が催された。〃加麻又郡〃と陰刻した須恵器の破片は八世紀頃のモノという。『和名抄』に記載がないのでそれ以前の地名だろうとのこと。カムマタがカマタに訛する過程を実証したものと考える。

発掘地は福岡市東区蒲田に隣接する。旧河道、水田跡が検出されているので、一帯は湿地帯だったと思われる。「土地条件図・福岡」によると、久原川の旧河道は蒲田周辺で烈しい乱れよう。同川の氾濫原だったのだろう。

部木［ヘ・キ→ヘキ］

語源は辺《ヘ》・処《キ》。原義は篠栗からのびてきた丘陵の端末地（避地）。同集落の前面は多々良川の氾濫原。キは場所、部分を意味する接尾語。

❖箱崎・松島周辺

箱崎［ホコ・サキ→ハコザキ］

語源は秀処《ホコ》・狭処《サキ》。原義は博多側から北へ向かって砂堆地が細長く突き出した処。秀処《ホコ》は抜きん出て突き出した地形をさし、狭処《サキ》は狭い（細い）地形を呼ぶ。

岩手県釜石市箱崎町の御箱崎は岬の先端部をさす。

考古学者は、箱崎砂堆地は縄文期にはかなりの規模の土地が造成されつつあったと推定している。砂堆地、砂丘は卓越風に対し直角の方向に発達する。そのため、河川は流路を塞《さえ》ぎられ砂丘、砂堆地に沿って流れる。宇美川は北へ、御笠川は西へ転じた。

箱崎ノ浦を葦津ガ浦と別称するが、これは筥崎宮の貿易船が停泊したと思われるＪＲ箱崎駅東側の宇美川尻にあたる。植物のアシは海水（博多湾）に生えず川水の混じる辺りでないと生育しない。また、白良《シララ》浦とも別称するが、シララは素《シラ》・処《ラ》のことで、松の生えていない白砂の地を呼ぶ（高木善助著『薩陽往返記事』）。処《ラ》はアチラ、コチラのラと同じ接尾語。

筥崎宮は砂堆地の高地に鎮座している。また表参道（お汐井道）に立って楼門を望むと、中心線は遥かに三郡山に達する。また筥崎宮の東の方位には龍王山が座する。

鯨洲間・高須磨［クジラ・スマ／タカ・スマ］

明治三十三年（一九〇〇）の「測量図（陸地測量部・二万分ノ一）」によると箱崎砂堆地の北端地域は現箱崎中学あたりから高須磨団地周辺へかけて、鯨の尻尾のような地形が読みとれる。これが地名呼称の発祥であり、その中の最高地点《ピーク》を高州間《タカスマ》と呼んだと解釈できる。

箱崎三山

①**道具山**《ドーグヤマ》（馬出白山町《マイダシシロヤママチ》）
語源は**床**《トコ》→ドーゴ→ドーグと転じた。床《トコ》は周囲より一段高く平坦な地形を呼称。トコがドーグと長音化するのは中世期の現象。現在の道具山神社と白山《ハクサン》大権現社が鎮座する界隈（現・馬出五丁目）。道具とは、ここでは仏具をさすが、それが地名の由来というわけではない。

②**米**《コメ》**ノ山**《ヤマ》（米山町《ヨネヤマチョウ》）
語源は**低**《コマ》**イ**→コメ。原義は低い山。

③**真砂山**《マサゴヤマ》（武内通り）

語源は砂山《マサゴ》。砂山上に武内神社が鎮座していたが、山も神社も姿を消したのは最近のこと。近所の子どもたちの遊び場だった。

小寺［コ・タラ→コテラ→コデラ］

コは接頭語。タラはダラダラ坂というように、名島、宇美川、博多湾などへ向かって緩慢な傾斜地形を呼ぶ。タラがテラと転じた語音に寺を当てた。

・旧遠賀郡頓田村小寺《コテラ》／吉木村小寺《コテラ》
・旧糟屋郡立花口村寺浦《テラ》／勝馬村寺浦《テラ》
・長崎県五島寺島

阿多田［アタ・タ→アタダ］

語源は急《アタ》・処《タ》。原義は急傾斜地。アタはアタフタするとか、アワタタシ（『源氏物語』）と同じ語音。タはアナタ、コナタのように方角、位置を意味する語につく接尾語。JR箱崎駅前界隈の宇美川に面した急傾斜の川岸を呼称した。筥崎宮の貿易船が船がかりした所だったかもしれない。考古学発掘調査による地形復原図では箱崎一丁目十一、十二番あたりが地名発祥地ではないかと推測される。

・北九州市足立《アダチ》山（急勾配の山）
・福島県安達太良《アタタラ》山（火山）

松島［マチ・シマ→マツシマ］

語源は泥地《マチ》・州《シマ》。原義は遠干潟の泥地を松樹の幹のウロコ状に水が流れる地形で、マチと呼ぶ。マチシマの語音に佳字の松島を当てた。中世期は広い干潟。天和二年（一六八二）作成の『福岡藩御国絵図』では汐入、原田地区を潟と朱書き、唐津街道は筥崎宮西側に朱引きしている。松島は原田に続いて江戸期の埋立地。箱崎

松島周辺のかつての条里と小字

側砂堆地に並行して土手を築き宇美川東岸として三十五町余の土地を確保し六ツ（↑陸《ムツ》）田と呼称。

・佐賀県大町町

六ツ田［ロク↓ムツ↓ムツタ］

語源は、**陸**《ロク》（平らな地）。ロクの語音に易しい漢字の六を表音文字として当てたものを後世、ムツと読み呼称するようになったと思われる。原義は、松島の遠浅の湿泥地を埋め立てて平地にした処。

七小路［ヒジ↓ヒチショウジ］

「七《ヒチ》」の語源は**泥地**《ヒジ》。『岩波古語辞典』では、洲《ス》をヒシと説明。『大隅国風土記』ではヒシ。『万葉集』三四四八の歌はヒジと発音している。原義は泥地の一区域。ヒジに語音の近い七を当てた。城南区七隈の「七《ナナ》」と同じ語源。ここの〝小《しょう》路《じ》〟は区割りされた一区画（小字）を呼ぶ。地元の人は、箱崎には七つの小路があったと思っているが、そうではない。『字小名取調帳』には、七《ヒチ》小路、後《ウシロ》小路、中《ナカ》小路、堅《タテ》小路、浜《ハマ》小路の五つを記載している。

・城南区七隈

・早良郡下山門村北小路

象子［キザ（ム）・コ↓ゾウゴ］

語源は**削**《キザ》（ム）・**処**《コ》。原義は須恵川によって削り取られた地形。対岸の**大井手**《オオイデ》（微高地）には自然堤防がみられる。キサは象潟《キサガタ》、象瀬《ゾウセ》と同じ語源。段差のある微高地だったと思われる。キサは象の古称でキザムの語音に音が近い象（普賢菩薩の乗物）を当てたため、ゾウと読むようになった。

・東京世田谷区喜多見（↑刻《キダ》・廻《ミ》）

ヒントー【ヒノト→ヒントー】

語源は**樋《ヒ》ノ処《ト》**。原義は川付きの地。二又瀬に近い綿打川の低湿地。隣接地の**装束田《ショーゾクタ》**（↑ササクレ処《タ》）は粗れ地の意。どちらも水を被りやすい所で美田とはいえまい。―田《タ》は給田《デン》と異る。

・旧糟屋郡久保村ヒントヲ（大根川付）
・旧糟屋郡青柳村ヒンド（青柳川付）
・旧鞍手郡上木月村樋道《ヒントヲ》（遠賀川付）

駒白【コロマル・シル→コマシロ】

語源は**転《コロマ》ル・汁《シル》地**。水路（須恵川）が曲がった地点に位置する一区画の田地（湿地）を呼称。

小綿【カハハタ→カフハタ→コワタ】

語源は**川端《カワハタ》**。原義は水の溜まりやすい低湿地。

大穂作【オボ（メク）／オボ（トル）→オボツクリ】

語源①**朧《オボ》（メク）**。原義は、はっきりしない湿地。
②**蓬《オボ》（トル）**。原義は叢、薮などに覆われた荒地。

語源のオボに豊作を願っての当て字。

篠栗線南側の綿打川東岸地域で、旧箱崎町のゴミ捨場。小学生の頃、ゴミを満載した馬車が一帯にゴミを捨てていた情景を思い出す。サクは、〝用作〟のことで、中世期の荘園主（筥崎宮）が開墾した土地を呼称。福岡地方ではサクがシャクとなまって、同じ音の漢字をいろいろ当てている。

・東区三苫夕尺《ユウシャク》（↑用作）
・南区鶴田卯内尺《ウナイシャク》

松虫［マチ・ムシ(ル)→マツムシ］

語源は**潤地**《マチ》・**毟**《ムシ》**(ル)**。原義は流水で川岸が毟《ムシ》り取られる処。JR旧箱崎駅付近で、宇美川が北へ急転する地形。水路の移動で湿地《マチ》帯となった処。語音に好字の松虫を当てた。「明治三十三年測図」によると、旧水路は米田団地付近から西側の馬出《マイダシ》寄りに大きく曲がっていたようだ。

郷口［カハクチ→カフグチ→ゴウグチ］

語源は**川口**《カハクチ》。原義は旧綿打川が本流の宇美川に流入する地点。カフグチと訛って、いわゆる〝箱崎西郷〟と重ねての郷口であろう。因みに本流が海に流出する地点を川尻と呼ぶ。

「土地条件図・福岡」によると、綿打川の旧水路は筥松新町岸の社領二丁目から篠栗線南側を西進し、郷口橋北一〇〇メートルの地点が川口となって宇美川に合流していた。篠栗線を潜ってからは現在も小水路(古川)として残っている。

綿打［ワ・タ・フチ→ワタウチ］

語源は**曲**《ワ》・**処**《タ》・**縁**《フチ》。原義は曲った水路の川付きの地。湿地帯や氾濫原に見られる地名。

・旧筑紫郡太宰府村渡内《ワタウチ》
・旧上座郡佐田村綿内《ワタウチ》
・旧怡土郡満吉村ワタウチ
・旧志摩郡吉田村綿内／井田原村綿打
・旧宗像郡野坂村ワタウチ／武丸村綿内
・旧鞍手郡新延村綿内
・旧嘉麻郡平村ワタウチ／鹿毛馬村綿打
・旧穂波郡大分《ダイブ》村綿打

白浜 ［シラ（ケタ）ハマ→シラハマ］

語源は**素《シラ》（ケタ）浜《ハマ》**。原義は海に面した松林の中で松の生えていない白砂の空地。

大阪商人、平野屋高木善助著『薩陽往返記事』（文政十二年＝一八二九）に次のような記事がある。

> 此の浜辺に高燈籠あり。……右の方《かた》立花山共《ども》の外、山々連《つらな》りたり。突出《つきいで》たる松原の中、松生《はえ》ざる白砂の所をしら浜といふ。

シラはシロと同じ語源で、座がシラケルとか鼻ジロムというように、それまで続いていた或る状態や雰囲気が変化して違和感を憶えることを意味する。因幡の白兎が『古事記』では素兎と表記されて、毛をむしり取られた赤裸の兎をいうように、延々と広がり続く松原の中にただ一ヵ所シラケタ空地があることを呼称した地名と思われる。

白良浦《シララ》は素処《シララ》の語音に好字を当てたもの。処《ラ》はコチラ、ソチラなどのように方向、場所を意味する語につく接尾語。白砂の浜辺をさす。

付

旧糟屋郡役所より福岡県庁に提出された「字小名取調簿」に記された箱崎村の小字名に、政府で集約した『筑前国字小名取調帳』と異なる地名の訓みがある。

◉福岡市博多区

【旧博多部周辺】
【福岡空港周辺】
【竹下・美野島・金ノ隈周辺】

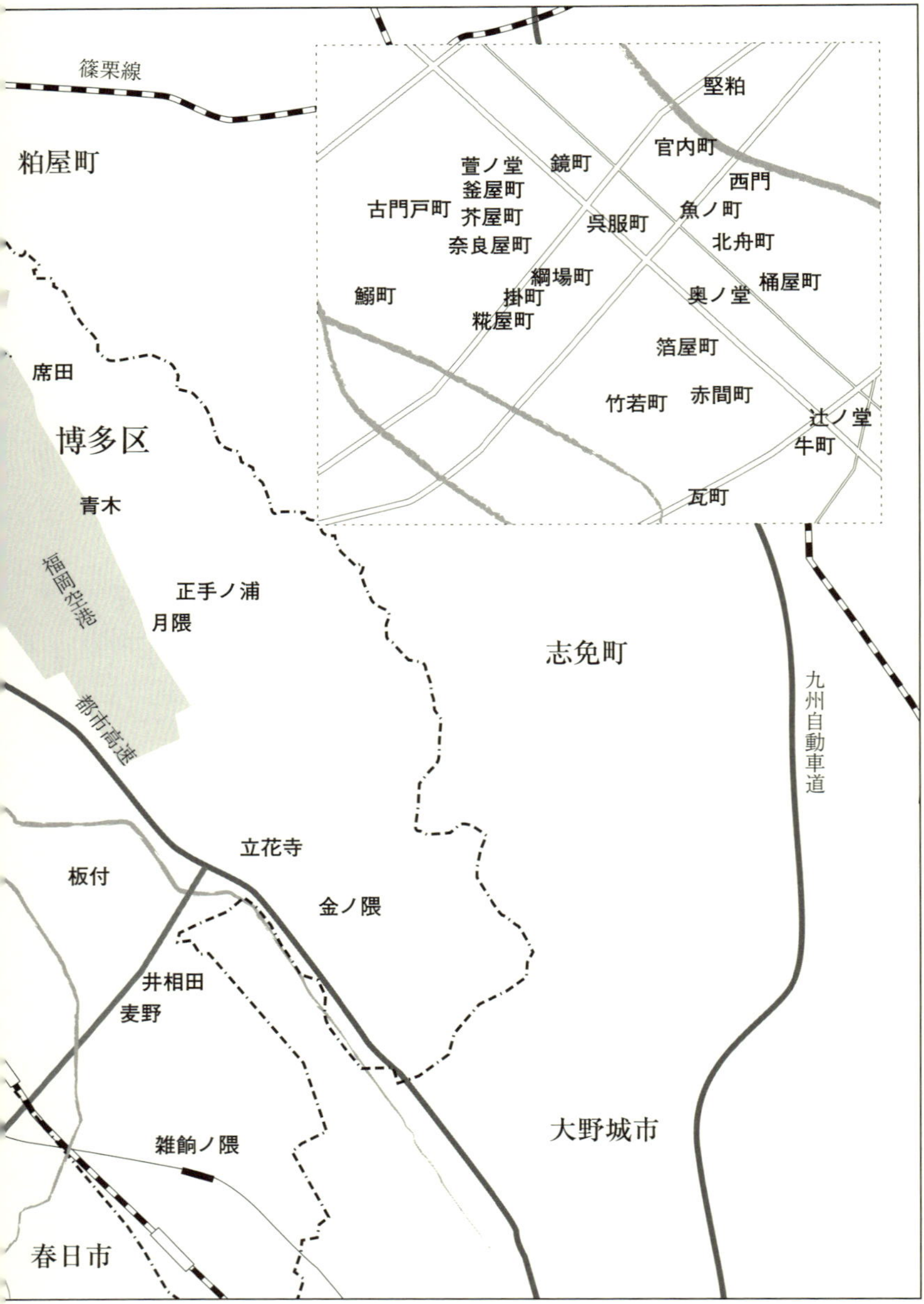
篠栗線
粕屋町
堅粕
官内町
萱ノ堂
鏡町
西門
釜屋町
古門戸町
芥屋町
呉服町
魚ノ町
北舟町
奈良屋町
綱場町
桶屋町
鰯町
掛町
奥ノ堂
糀屋町
箔屋町
席田
竹若町
赤間町
辻ノ堂
博多区
牛町
青木
瓦町
福岡空港
正手ノ浦
月隈
志免町
都市高速
九州自動車道
立花寺
板付
金ノ隈
井相田
麦野
大野城市
雑餉ノ隈
春日市

東区
鹿児島本線
御笠川
吉塚
3
山陽新幹線
那珂川
堅粕
古門戸町
奈良屋町
呉服町
綱場町
福岡市営地下鉄
中央区
美野島
扇
東光寺
深オサ
竹下
那珂
諸岡
西鉄大牟田線
九州新幹線
南区
都市高

❖旧博多部周辺

博多 ［ハグ・タ→ハクタ→ハカタ］

語源は**剥《ハ》グ・処《タ》**。原義は崖地や砂山が剥《ハ》ガレ落ちた処。タはカナタ・コナタなどのタで、場所、方向を意味する語につく接尾語。ハグタ→ハクタと転じ、その語音に好字の博多、博太、薄多などを当てた。古い地名のハカタの発祥を探るには往昔の地形を把握しなければならない。

剥《ハ》グ処《タ》の候補地として二ヵ所挙げられる。

一つは博多浜と呼ぶ地形から承天寺、聖福寺の在る大砂丘が西へ延びた脊梁が博多川辺りに落ちた地形。祇園町から旧博多駅前にかけて弥生遺跡、古墳の遺跡が数多く見られる。すなわち、「博多浜」は日本海沿岸特有の砂丘上に成立した集落。北西の卓越風と湾流により不規則ながらも砂丘列とそれに伴う凹地のある地形が広がっている。加えて那珂川と湾岸流の波食による剥落によって部分的に急崖をなした地形がみられたようだ。

二つめは鴻臚館、筑紫館が位置した高台。ここは赤坂丘陵の先端部にあたり崖地の目立つ地形。愛媛県伯方《ハカタ》島は海岸の多くが急崖をなしている（剥《ハ》グ方《カタ》→ハクカタ→伯方→ハカタ）。剥《ハ》グ処《タ》よりも広い範囲の地形を呼称（宗像、山形）したと考えられる。

ハクタと呼称したと思われる表記がある。平安中期の永久四年（一一一六）、博多在住の中国江南地方出身者が書写した『両巻疎知礼記(上巻)』の奥書に「筑前薄多津」とある。

ハカタと明確に呼称表記しているのは平安中期の永長元年（一〇九七）、『散木奇歌集』

「ハクタ」と「ハカタ」の表記を巡る年表

時代	年号	呼称		出典
		ハクタ	ハカタ	
奈良	713（和銅6）			風土記撰上の詔
	757			万葉集（751～）
	759（天平宝字3）	博多大津		続日本紀
	764（〃 8）	大宰博多大津		〃
	776（宝亀7）	博多大津		〃
平安	842（承和9）	博太津		安楽寺伽藍縁起資材帳（写）
	847（〃14）	博太		円仁「入唐求法巡礼行記」
	852（仁寿2）	博太浜		円珍 転読
	868（貞観10）	博太庄		内蔵寮博太庄牒案
	869（〃11）	博多		三代実録
	921（延喜21）			筥崎宮創建託宣
	938			『和名抄』編纂。地名は9C前迄のものが多い。「博多」の地名なし
	1001（長保3）	博多庄		安楽寺遍知院に寄進（安楽寺草創日記）。備後国御調郡伯太郷、常陸国新治郡博多郷
	1019（寛仁3）	博多警固所		大宰府解（朝野群載）
	1047（永承2）	博多津		鴻臚館炎上、対外貿易博多郡に移る
	1082（永保2）	博多		延暦寺僧戒覚入宋
	1097（永長1）		はかた	散木奇歌集
			はかた	万葉集
	1116（永久4）		はかた	国基集
	〃	薄多津		両巻疏知礼記（写・奥書）
	1167（仁安2）	博多津居住		（乾道3年）中国浙江省仁寧市石碑
鎌倉	1377（天寿3）		覇家台	高麗史
	1471（文明3）		覇家台	海東諸国記
	1586（天正14）		はかた	御祓賦帳
	1592（文禄1）		花旭塔津	日本風土記（中国・明）

が、管見によれば初めてで、「はかた」が見られる。思うに、平安中期頃まで〃ハカタ〃と〃ハクタ〃が併称されていたのではないか。

因みに、宮沢賢治に次のような短歌がある。

つくづくと「粋なもやうの博多帯」
荒川ぎしの片岩のいろ(大正五年九月)

この歌は埼玉県荒川上流の長瀞《ナガトロ》の結晶片岩から成る岩石段丘の美しさを歌ったもの。

また、平戸英国商館長リチャード・コックスの日記ではハカタをFaccataと表記。

袖(ノ湊)［ソト・デー→ソデ］

語源は**外**《ソト》・**出**《デ》。原義は砂洲が外へ向かって突き出した地形。潟湖《ラグーン》(冷泉ノ津)を形づくった。福崎(福岡城の高台)から延びた砂洲(長浜)が那珂川を扼して入江(潟湖)を造ったもので、卓越風でできる荒波を遮る天然の防波堤となった。この突き出た砂洲の先端(洲崎)を迂回して貿易船は博多大津へ入ってきた。箱崎葦津ガ浦、今津ノ浦と同じ地形。

この考え方を次の歌が補強してくれる。

3215 白妙の袖の別れを難《かた》みして
荒津の浜にやどりするかも
(『万葉集・巻十二』作者不詳)

石井謙治著『和船 II』(法政大学出版局)によると、遣唐使船の吃水は約二・八メートルというが、当時の鳥飼潟(大濠公園)に入《はい》れたのだろうか。

鴻臚館を目指して入津した外航船の接岸はどんな様子だったのか。

「入唐求法巡礼行記《にっとうぐほうじゅんらいぎょうき》」承和十四年(八四七)
九月一七日　到博太西南能古島下泊船
〃一八日　到鴻臚館前
〃一九日　入館住

「円城寺《おんじょうじ》文書」天安二年（八五八）
六月二二日　廻至大宰府鴻臚館

〝鴻臚館前〟とはどこか。〝廻至〟とはどこを廻ったのか。古絵図に描かれた〝庄ノ浜〟（天神凹地）が気になってしかたがない。

遣唐使そのうち茶漬けが欲しくなり
（古川柳）

官内（町）［カム・ナエ→カンナイ］

語源は**噛《カ》ム・萎《ナ》エ**。原義は海の波食で崩れた微高地。東へ向かう湾岸流と卓越風によって砂山が崩れて萎えたような地形を見せたのだろう。カムナエがカンナイと訛って音の近い漢字を当てた。この砂丘は八世紀から十一世紀にかけて形成されたと考えられている。呉服町界隈（低湿地）を埋立てて博多浜と息《オキ》（沖）ノ浜の両砂丘帯を繋ぐのは十二世紀初めの頃で、息ノ浜で人の活動が活溌になるのは十二世紀後半から十三世紀にかけてだとか。

江戸初期寛文九年（一六六九）の古文書によると、当地の一行寺門前に石段があったようだ。『年中行事辞典』（東京堂出版）によると、昔、博多でもタカバタを揚げ凧合戦が行なわれ、松原と堅町とで凧糸の切り合いをしたそうで、石堂川尻がその場所だったらしい。因みに箱崎でも合戦をやっていたらしい。

呉服（町）［コ・フケ→コフク→ゴフク］

コは接頭語。語源は**沮地《フケ》**。芋を蒸《ふ》かすと同じ語源で水分を含んでフヤケた湿地のこと。八世紀末頃は汀《みぎわ》であり、十一世紀に湿地化し、十二世紀初頭には埋立てられたと考えられている。その後コフクと転じた語音に呉服の漢字を当てた経緯は不明。慶長期の文書に「御ふくまち」

の表記がある。

西門 ［サク・ト→サイト→サイモン］

語源は割《サ》ク・処《ト》。原義は陸地を開削した処。訛ったサイトの音と聖福寺西門を重ねてサイモンと呼ぶようになったのだろう。中世に入って承天寺と聖福寺の背後を掘削し御笠川の河道を真っ直ぐに改め博多湾に放流。そこを堀口《ホリグチ》、広い川尻を豊臣《トヨトミ》（←湛《タタ》フ・廻《ミ》）と呼称した。

近くの寺中《ジチュウ》町について、松浦静山著『甲子《かっし》夜話』（巻五十七・東洋文庫）にその由来を記している。

予が卦邑に、筑前より浄瑠璃歌舞伎を為る者時として来たり、この技をなす。これを寺中と呼ぶ。（中略）彼の開山千光禅師入宋して帰朝のとき、宋口の俗、随従する者多し。因て聖福創立の時、境内にこの人を住ましめたりしが、今はその児孫蕃衍して皆歌舞伎を掌とし、渡世して他邦に往てその事をなす。故に人、寺中と称す。

魚（ノ町） ［イ・ヲ→ウオ］

イは接頭語。語源は尾《ヲ》。原義は動物の尾のような横長の高まりの地。聖福寺が座する大砂丘の北西端にあたる。上東《カミ》町から上った高まりの地で北舟町と隣合った高地の北端部。イヲの音に魚を当てた。中世期（天文年間）の文書に「魚之町」の表記がある。

イは語調を整えるためにつく。例えば中央区薬院伊福町、イ秀《ホ》（高宮）、イ刈《カリ》（草刈場）、イ切《キレ》（山地の切れ目）など。

因みに〝大刀魚〟はタチノイヲ。近頃は漢字に頼ってタチウオと呼ぶ。しかし、その習性は〝立《タ》チ泳グ魚〟が明白。逆に下向きに立ち泳ぐ魚を〝ヘコアユ〟と呼ぶ。凹《ヘコ》も崩落《アユ》も海底の岩礁地形を呼ぶので、そこを生活の場とする魚なのだろう。立《タ》チ魚は海の人の着眼であり、大刀魚は陸の人の発想だろう。大刀《タチ》は上代(『記謡』)から見える語(馬ならば日向の駒、太刀ならば呉れの真さひし)。

・平戸市魚ノ棚

北舟(町)［キダ・ウネ→キタフネ］

語源は刻《キダ》・畝《ウネ》。原義は刻んだような急傾斜の高地で、畝《ウネ》は低地に面した高まりの地を呼称。下魚ノ町、桶屋町、金屋小路と続く低地からは畝のように小高く見えたのではないか。キダウネの語音に北舟の漢字を当てた。鎌倉末期の文書に「北舟」の地名が見える。南舟の地名がないところをみると、キダの語音に単に表音文字として当てたにすぎまい。熊本県芦北郡も同じだろう。

因みに、大分県・郡(↑大《オオ》・刻《キダ》)は急崖の地や滝が多く、諸々に崩壊危険地域が散在。また、東京世田谷区喜多見《キタミ》(↑刻《キダ》・廻《ミ》)は多摩川、野川に面した国分寺礫崖線を呼ぶ。高低差十四、五メートルの見事な段差が延々と約四キロメートル続く。小田急線はその崖地を横断する。

桶屋(町)［オク・ヤ→オケヤ］

語源は奥《オク》・萢《ヤ》。冷泉公園の方から箔屋町、赤間町を経て小山町の裾に入りこんだ低地。

奥ノ堂［オク→オクノドウ］

現・櫛田神社辺りから聖福寺の方へ入り込んだ低地が奥まった処。

因みに、中世期博多商人の〝奥堂《おくのどう》〟氏や〝綱《つな》場《ば》〟氏などは地名を苗字としたのだろう。

辻ノ堂［ツキ・ミチ→ツジ→ツジノドウ］

語源は坏《ツキ》・道《ミチ》。原義は高まりの地。往昔、人々は高まりの地を選んで歩くことから道ができ辻《ツジ》と呼ぶようになった。今でも道路が交叉した処を四《ヨ》ツ辻《ツジ》（→ヨツジ）と呼ぶ。ここは承天寺が在る砂丘の高地で、南へ向かう人の通りだった。

赤間町［アカツ・マ→アカマ→アカンマチ］

語源は斑《アカツ》・間《マ》。原義は砂丘が広く散開した地形。『古事記』に見える語で〝駅使を四方《よも》に斑《あか》ちて……〟とある。東に隣接する小山町と同じように砂丘の高地にあたる処で呉服町方向へ緩く傾斜した西隣りの箔屋町へ続く。

箔屋(町)［ハグ・ヤ→ハクヤ］

語源は剥《ハ》グ・谷《ヤ》。原義は高まりの地が剥がれ落ちた地形。ヤは谷状の小低地を呼ぶ。小山町、赤間町《アカンマチ》から続いた微高地がこの近辺で剥落し小さな谷状の低地をなしていたと思われる。

和田三造氏画「博多繁昌の図」には、箔屋町と赤間町との境地《さかいち》に諏訪社が描かれている。これは同地辺りが目につく段差をもっていた地形の証だろう。この地から勧請したとされる長崎市諏訪神社も高まりの急崖地に鎮座している。スハは岨《ソハ》の転じた語音で早良区のサハラと同じ語源。急傾斜地崩落の厄除けの鎮座だろう。該当の地には現在、子安観音寿福院（寛永十年開基）が祀られている。

竹若(町)［タケ・ワカ→タケワカ］

語源は岳《タケ》・分《ワカ》。原義は周囲よりは高い砂丘が分かれた地形。箔屋町、赤間町、小山町が占める砂丘と、聖福寺辺りから西へ延びてきた大砂丘の二つの高地が対峙するような間に挟まれた浅い低地帯を呼称。好字の竹若を当てた。

奈良屋(町)［ナラ(ス)・ヤ→ナラヤ］

語源は**均《ナ》ラ（ス）・湿地《ヤ》**。原義は遠浅湿地の傾斜地を埋め立て均らし造成した処。この町は元寇防塁より海側に位置している。

萱ノ堂［カヤ(ル)→カヤノドウ］

語源は**覆《カヤ》（ル）**。流水が逆転する処。湾曲した汀《みぎわ》に沿って西から入り込んできた湾流がここで向きを東へ変える処。

釜屋(町)［カミ・マ→カマヤ］

語源は**噛《カ》ミ・間《マ》・苞《ヤ》**。原義は湾流がぶつかる処。

芥屋(町)［クユ(ル)→ケヤ］

語源は**崩《ク》ユ（ル）**。原義は波食により崩壊した処。

芥屋、釜屋、萱ノ堂の各町は何《いず》れも旧海岸線に沿って町立てしたのだろう。大浜各町との境界は弧を描いている。

鏡(町)［カガム→カガミ］

語源は**屈《カガ》ム**。原義は南北の町筋が腰折れしている処。

古門戸(町)［コ・モリ・ト→コモンド］

コは接頭語。語源は**盛《モ》リ・処《ト》**。小さな高まりの地形。処《ト》は場所を意味する接尾語。息《オキ》ノ浜部の西端。冷泉ノ津（袖ノ湊）の湾口《ぐち》に近い処。

綱場（町）［ツナ（グ）・ハ→ツナハ→ツナバ］

語源は**繋**《ツナ》（グ）・**端**《ハ》。原義は息《オキ》ノ浜と博多浜の両陸地を繋グ辺りを呼称。

糀屋（町）［カハ・ウチ・ヤ→カハチヤ→コウジヤ］

語源は**川**《カハ》・**内**《ウチ》・**湿地**《ヤ》。原義は湾入した低湿地。冷泉ノ津から呉服町（→コ沮地《フケ》）へ湾入した低湿地。息《オキ》ノ浜砂丘の南縁で、掛町に隣接した湾入口。須崎、鰯町へと軟弱な湿泥地が遠浅となって潟湖《ラグーン》に浸る。

鰯（町）［ヨワシ→イワシ］

語源は**弱**《ヨワ》**シ**。原義は湿泥地。傷みやすいイワシの特徴を捉えての当て字。鰯の漢字は和製漢字。

牛（町）［フチ→ウシ］

語源は**縁**《フチ》。原義は房州堀に面した堀端の地。

瓦（町）［カハラ→カワラ］

語源は**川原**《カハラ》。原義は房州堀跡の粗《あ》れ地。在来説の瓦を焼くには広い敷地が要る（粘土をこねる。天日での干場、製品の保管など）ので、この一帯を利用したのだろう。カワラの語音が重複した呼称と思われる。蛇足だが、ここに架かる**水車橋**はミズグルマバシと訓《よ》む。

堅粕［カタ・カ・ス→カタカス］

語源は**潟**《カタ》・**カ**・**洲**《ス》。原義は干潟と湿地の平坦地が広がる処。福岡空港北域の一帯で陸軍大演習が挙行された。空港ビル前の高台にある〝御《お》野立所《のだちしょ》〟と呼ぶ緑地はその時の天皇臨席地。

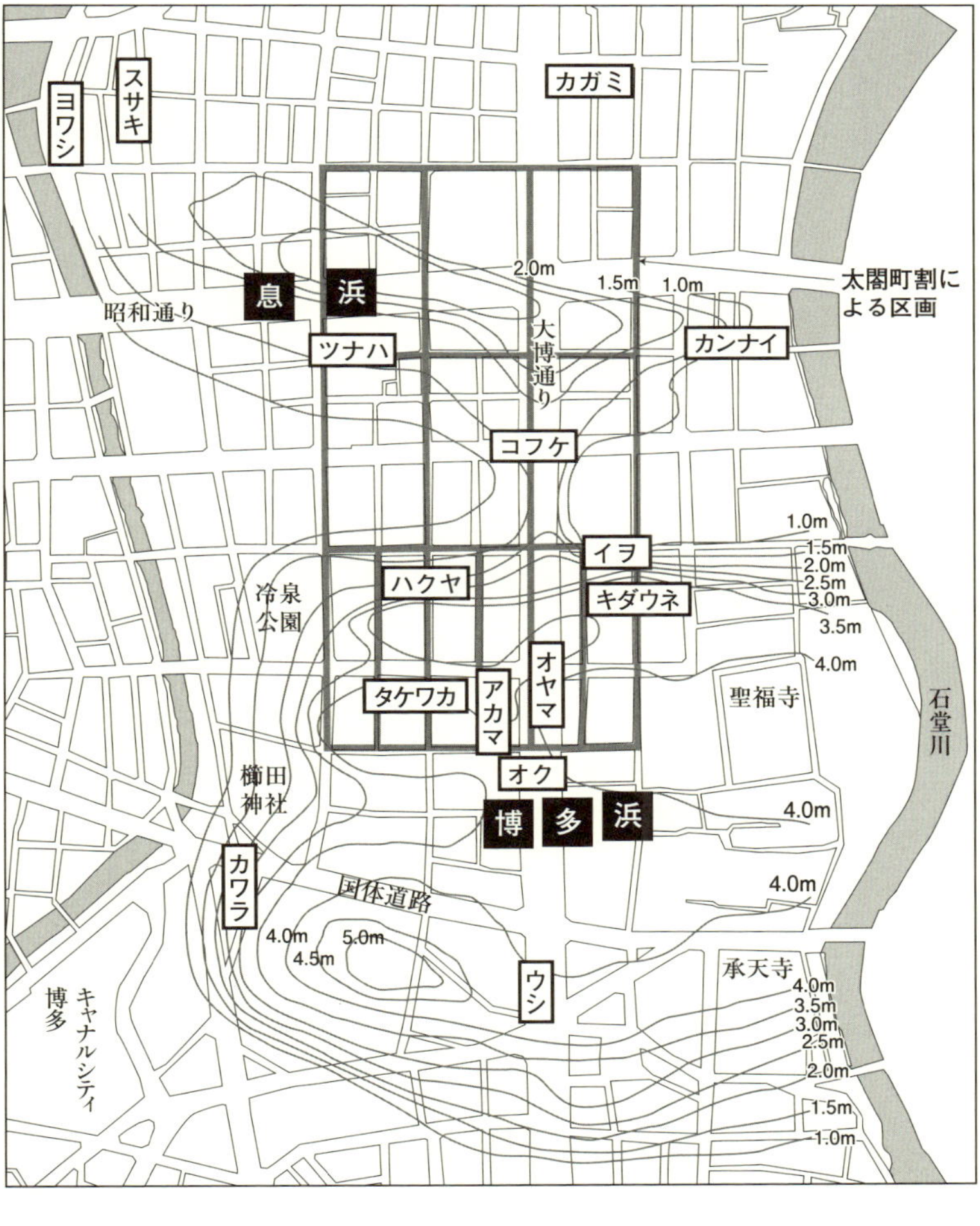

博多部の地形と地名

（『中世都市　博多を掘る』大庭康時他編、海鳥社刊所収の図に修正・加筆）

吉塚【アシ・ツカ→ヨシヅカ】

語源は**葦《アシ》・塚《ツカ》**。原義は葦の繁る微高地。一帯は宇美川沿いの氾濫原で、広い湿地帯の中の砂堆地（微高地）、つまり塚のことを呼んだ。葦《アシ》の語音が悪《ア》シに似ていることから呼称を吉（ヨシ）に変え、中世期に開発が始まったのではないか。

箱崎葦津ガ浦から開田、堅田《カタタ》（↑潟処）などの低地を意味する小字があり、低湿地は更に御笠川氾濫原の堅粕（↑潟カ洲）、臼井（↑大洲井《ウスイ》）へと続く。

「土地条件図・福岡」に見られるように、北端の多々良川尻（鯨洲間《クジラスマ》）から延びてきた箱崎砂堆地が南側の吉塚本町近辺で巻き、岬のように東へ突き出している。

この地形が、戦国武将の星野吉実、吉兼兄弟が憤死した高鳥居城（須恵町）を真東に望見できる位置であり、ヨシツカと呼ぶ地名とからめて鎮魂の地にふさわしい所としたのであろう。朝日が真東から昇るのは春、秋の彼岸の頃である。

❖福岡空港周辺

席田【ムジル・タ→ムシロダ】

語源は**捩《ムジ》ル・処《タ》**。原義はねじ曲った処。処《タ》は場所を意味する語につく接尾語。好字の田を当てた。旧席田郡は南から北へ延びる丘陵が一本の背稜とならず不統一な短い尾根が散らばって続いている地形。「明治三十三年測図」を読むと、とりわけ金ノ隈、立花寺、月隈には丘陵の裾の出入りが不規則ではげしく、また深く入り込んだ浦（↑末《ウラ》）の地形が点在する。狭い面積ながらも郡名を名乗ったのは戸数が多かったからだろうか。

『和名抄』にも記載されていた歴史ある郡名だったが戦後の町名改正で消えた。地名を保存することはその土地が持ち続けた歴史を大切にすることと同じなのだが、今ではその呼称も、小、中学校、公民館と農協のみとなった。

臼井［ウ・ス・ヰ→ウスイ］

空港北域の地形を呼ぶ。語源は**太**《ウ》・**州**《ス》・**井**《ヰ》。原義は広大な干潟をさす。低平地であり、大浦、稲城《イナギ》（←砂《ヨナ》・処《キ》）の古称も残る。旧上臼井、下臼井両村の小字が地形の特徴を証明する。

・上臼井村　蓑丸《ミノマル》、川原田、柳井町《マチ》、深田、砂入《スナイリ》、牟田田、用水、池倒《イケタオシ》

・下臼井村　深田、小深町《マチ》、永沼、井手丸、砂原、大川原田《タ》、川原ヶ田《デン》、壁新開、ハブ、溝田、中新開、潮入、小柳、深町《マチ》

なお、旧嘉穂郡碓《ウス》井《イ》町は遠賀川と千手川の合流した地形だが、水量の薄《ウス》イことから浅い川の意で呼称されたのではないか。

○○田《デン》は地域の有力者や社寺の領田を呼称したのが由来。一方、田《タ》は処《タ》の音に好字の田を当てたもの。マチは、湿地帯を呼称する地名用語。

雀居［ササ・イ→ササイ］

語源は**細**《ササ》・**居**《イ》。ササはササヤカとかササイな事というようにちょっとしたこと、小さなモノをいう。イは井ではなく居であるから、現地は御笠川氾濫原の中の自然堤防（堆積地）と思われる。

集落に鎮座する須賀神社（湿地の守護神）境内の碑文によると雀居の集落は江戸時代に開か

れたらしい。その後、ササの音に小さな鳥の意がある雀を当てたようだ。

・南区笹原《ササバル》

月隈 ［ツク・クマ→ツキグマ］

語源は**突《ツ》ク・隈《クマ》**。ツクは丘陵の裾が突きだした地形を呼び、クマはウラよりも細く奥まった処をさす。上月隈の八幡宮の鎮座する丘と、下月隈の地禄神社、阿弥陀寺の在る丘は、どちらも西へ向かって突き出ていて、その両丘に挟まれて入り込んだ奥（隈）に集落がある。南北朝期の文書に「月隈」の地名が見える。

青木 ［アワ・キ→アオキ］

空港東域の旧青木村。語源は**沫《アワ》・処《キ》**。原義は泡のように柔らかい湿地。アワキの語音に好字の青木を当てた。

・旧志摩郡青木村

正手ノ浦 ［シホ・テノ・ウラ→ショウテノウラ］

語源は、**濡《シホ》・手《テ》ノ・末《ウラ》**。原義は水濡れ状態の湿地が奥へ入り込んだ処。「明治三十三年測図」では現・月隈三丁目十八街区に湿地帯が記され、正手の地名となった名残だろう。

・旧糟屋郡山田村生《ショウ》フケ

❖竹下・美野島・金ノ隈周辺

竹下 ［タケ・シタ→タケシタ］

語源は**岳《タケ》・下《シタ》**。原義は高まりの地の下。ＪＲ竹下駅東方の微高地帯（那珂台地）の裾にあたる低地帯を呼び那珂川によって侵食された処。姪ノ浜近くの竹ノ山は愛宕山の別称。

那珂 ［ナ・カ→ナカ］

語源は中《ナ》・処《カ》。中を古代はナと呼んだ（大野晋著『日本語をさかのぼる』岩波新書）。したがって奴《ナ》ノ国は中ノ国のことではないか。東は御笠川、西は那珂川とで挟まれた高地（台地）を呼んだのだろう。カは住《ス》ミ処《カ》、在《ア》リ処《カ》などのカで場所を意味する語につく接尾語。

諸岡 ［モリ・オカ／ムレ・オカ→モロオカ］

語源は盛《モリ》・岡《オカ》。原義は山。諸岡二、三、五、六丁目一帯のなだらかな台地群の総称。別解として群《ム》レの意もあるかもしれない。

扇 ［アフ（レル）・キ→アウギ→オオギ］

語源は溢《アフ》（レル）・処《キ》。原義は川が溢れて氾濫した土地。したがって語音に近い好字の扇を当てた。御笠川に近い低地。水を被りやすい処なのだろう。筑前ノ国には他にも扇と呼ぶ地名が多い。

日本では、扇は末広がりの意をもって寿の具象物だが中国ではそうでもなさそうだ。夏炉冬扇だの、秋の扇と捨てられて、などと芳しくない。平安、鎌倉期には朝鮮、中国への輸出品だった。坂本太郎監修『風俗辞典』（東京堂出版）によると扇は中国では〝うちわ〟のことで、あふぎとしての扇は平安前期に我国で創製されたもの。『西洋美術辞典』（東京堂出版）によると、ためる扇子が現れるのは十六世紀末。

東光寺 ［トコ・チ→トーコーチ→トウコウジ］

竹下のビール工場北側の地形を呼ぶ。語源は床《トコ》地《チ》。原義は床ノ間のように一段高くなった地形を呼ぶ。寝床、苗床と同じ。中世期に入ると、日本語はウ段、オ段の長音化が盛んになり、トーコーチと長音化して好字の東光寺を当てた。御笠川と那珂川の間の微高地で、南から延びてきた台地の先端部に当たる。

・旧志摩郡青木村東光寺
・旧穂波郡小正《オバサ》村東光寺
・浮羽郡吉井町東光寺
・宮崎県高鍋町東光寺／日南市東光寺

美野島［ミ・ヌ・シマ→ミノシマ］

語源は**水《ミ》・沼《ヌ》・州《シマ》**。原義は水泥地。博多南方の那珂川沿いの地。往古は遠浅の川尻に近い泥湿地でもあった。近辺には樋口、大木などの地名も見え、那珂川に沿って井尻、塩原、清水、平田、住吉と低湿地を呼ぶ地名が列《なら》ぶ。『万葉集』に山上憶良の歌が載《あ》る。その詞書《ことばがき》に、「伊知ノ郷蓑島」の地名が記されているが、「井（水）地ノ郷水沼洲」と古くは呼称されていた地名が、ある時期から好字を当てたのだろう。西海道の美野ノ駅はここかと思われる。

立花寺［タツ・カ→リウゲ→リュウゲジ］

語源は**立《タ》ツ・処《カ》**。原義は立ち上がったような急傾斜の地形。集落のすぐ北に標高八〇メートルの峰がそびえている。カは場所をいう接尾語。タツカの語音に立花を当てリウゲと呼んだ。

・旧糟屋郡佐谷村立花寺《リウゲジ》／同村立毛《リウゲ》／猪野村竜化《リウゲ》／下和白村竜化《リウゲ》
・旧怡土郡神在村立毛《リウゲ》
・旧遠賀郡手野村竜毛《リウゲ》
・旧嘉麻郡上三緒村リウゲ
・旧穂波郡土師村竜毛／安恒村竜毛／忠隈村竜化

金ノ隈［カネ・ノ・クマ→カネノクマ］

語源は**曲**《カネ》**・ノ・隈**《クマ》。原義は狭い谷状の低地が奥へ曲がり込んだ地形。金ノ隈遺跡北側の狭く細長いすき間が曲り込むように奥まっている。南北長期の文書に「金隈」の地名が見える。

板付［イタ・ツキ→イタズケ］

語源は**傷**《イタ》**・坏**《ツキ》。原義は微高地（坏）を刻んだような地形。板付遺跡は春日から延びてきた段丘の最北端で、断面が深さ二メートルの切りたったV字形環溝と外濠で囲まれた地形をイタツキと呼称したのではないか。

・旧宗像郡田島村北付《キダツキ》
・旧夜須郡三並村板付《イタツケ》

井相田［ヰ・サワ・タ→イソウダ］

語源は**井**《ヰ》**・沢**《サワ》**・処**《タ》。原義は水の流れが沢になっている地形。

深オサ［フカ・ヲ・サ／フケオサ→フカオサ］

語源は**深**《フカ》**さ**、**峰**《ヲ》は高さ、**サ**は段差のある地形を呼ぶ語につく接尾語。原義は河岸段丘。現地は御笠川と諸岡川の合流点で『福岡平野の古環境と遺跡立地』(九州大学出版会)の〝比恵・那珂遺跡群の地形復原図〟の項によると高さ二メートルの段差を呼称。別解として**沮**《フケ》**・峰**《ヲ》**・サ**(湿泥地に面した段丘)。

・旧糟屋郡浜男《ハモウ》村片男佐／甲宇美村長曰佐
・旧那珂郡曰佐村
・旧御笠郡若江村永於佐／西小田村長ヲサ
・旧早良郡東入部村ナカヲサ

・旧志摩郡久家村長ヲサ
・旧嘉麻郡有井村長ヲサ

麦野【ムキ・ノ→ムギノ】

語源は**剥《ム》キ・野《ノ》**。原義は高地が川水に洗われて剥き出しに見える地形。語音に好字を当てた。古川と呼ぶ水路が集落の近くを流れている。この辺りは御笠川の氾濫原だったのではないか。旧山田村の集落は水害に遭って村ごと移転した記録があり、中間の井相田は井沢処《イサハタ》で水を被ったことを意味する語音。
・博多区吉塚六高《ロッコウ》(↑剥《ム》コ)
・旧上座郡麦野村
・徳島県海部郡牟岐《ムキ》町

雑餉ノ隈【サシ・ヲ・クマ→ザッショノクマ】

語源は**対《サシ》・尾《ヲ》・隈《クマ》**。原義は台地が二つに岐れた地形。サシはサシ向かい、サシで飲むのように対《つい》になった様子をさす語。春日から延びた台地が岐れた地形を呼称。隈《クマ》の東側は中央の稜線を旧国道が走る標高二〇メートルの台地(雑餉隈町三丁目界隈)。ここは古くからの集落であり公民館、恵比須神社などが在る。現地は土地の傾斜した地形が明瞭だ。その低地が隈。ここの隈《クマ》は奥まったというよりも、博多区春町三丁目付近から南の大野城市栄町二丁目界隈へかけて胡瓜《きうり》の形をした凹地をさしている。隈の西側は西鉄線が走る台地。
・旧那珂郡井相田《イソウダ》村雑餉隈
・旧三笠郡筒井村雑賞隈
雑餉は中世期、公家が遊山に携えた野外食のことで、雑掌は荘園の役職。雑賞に至っては意味不明。漢字をアレコレ当てるのは地名の原義が忘れられたということか。ヤマトコトバの頭音の法則に従えばサッショウだろう。
因みに長崎県佐世保市は佐世保川を挟んで南北に長い丘陵が続いている。他に、
・旧遠賀郡畑村サセブ／八並村サセブ

◉福岡市中央区

【荒戸・唐人町周辺】
【薬院・警固周辺】

御笠川
鹿児島本線
山陽新幹線
3
那珂川
博多区
庄ノ浜
西鉄大牟田線
南区

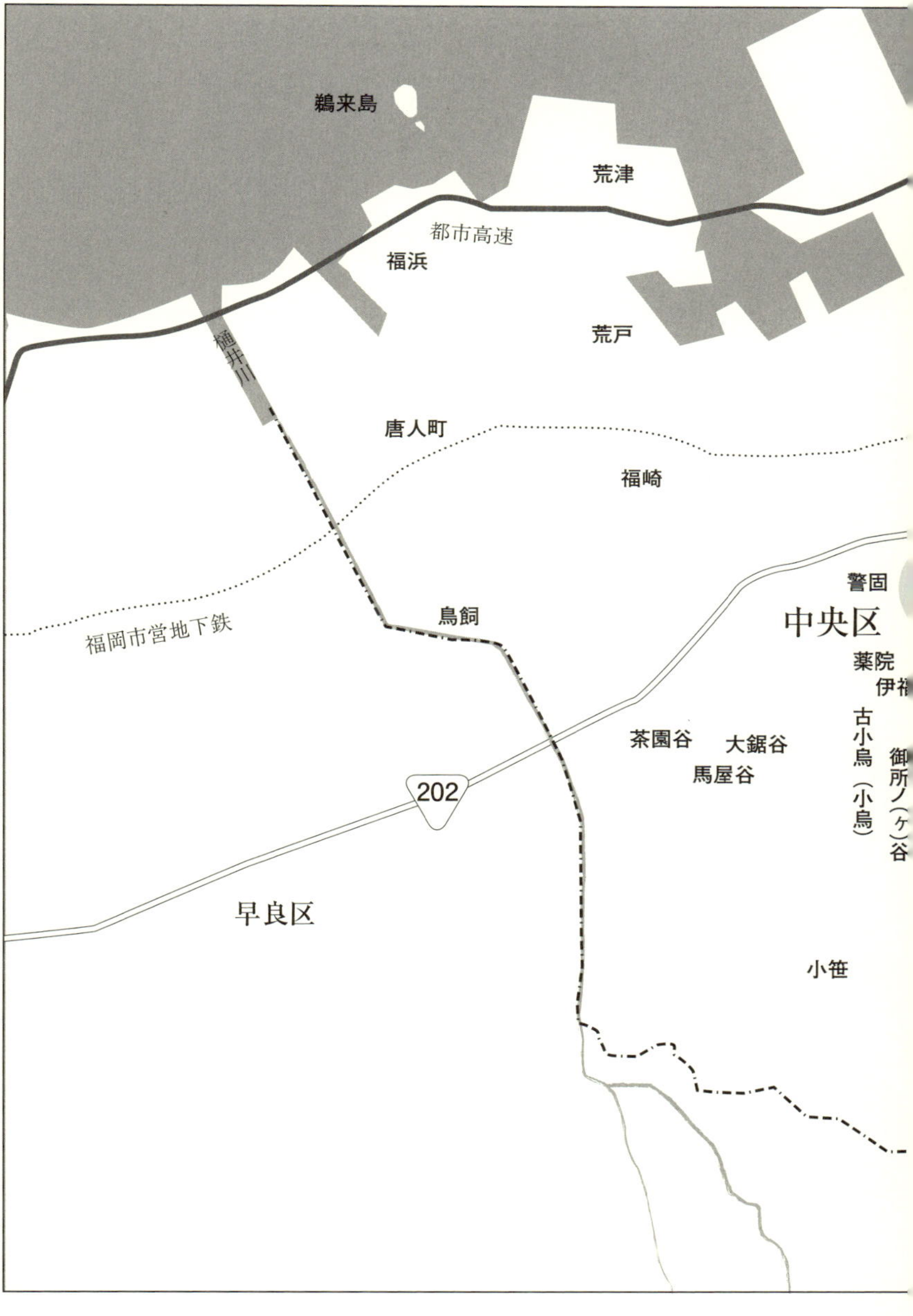
鵜来島
荒津
都市高速
福浜
荒戸
樋井川
唐人町
福崎
警固
中央区
鳥飼
福岡市営地下鉄
薬院
伊福
茶園谷
大鋸谷
馬屋谷
古小烏（小烏）
御所ノ(ケ)谷
202
早良区
小笹

❖荒戸・唐人町周辺

福崎〔フク(ラム)・サキ→フクサキ〕

語源は膨《フク》(ラム)・崎《サキ》。原義は平尾から延びてきた丘陵が赤坂付近でいったん括《くび》れ、再び膨らんで博多湾に突き出た地形。魚のフク(フグ)が身体を膨らませる特性から命名されたのと同様の呼称。

福崎の地に黒田氏が築城し故郷に因んで福岡と呼称命名されたと伝えられるが、これを「膨《フク》岡《オカ》→福岡」と考えるとよくできたハナシになる。「明治三十三年測図」を読むと、長浜少林寺地先から志賀ノ島への渡船場が記されている。

荒戸〔アラ・ト→アラト〕

語源は粗《アラ》・門《ト》。原義は広い入口。西公園の丘と福崎の高台との開いた間を呼ぶ。往古は入江だった大濠公園(鳥飼の潮干潟)の入口が広く口を開けて門《ト》と呼ぶには語感として広すぎる地形。万葉仮名の阿良都の〃都〃をツと読んで荒津、トと読んで荒戸の違いができたのだろう。

・篠栗町勢門《セト》(↑狭・門)

唐人(町)〔ト・フチ→トウジン〕

語源は門《ト》・縁《フチ》。往昔、荒津山の裾から西へ延びる砂堆地が鳥飼潟に接していた地形を呼称。語音に、文化先進国の唐を当てたと思われる。一般に〃唐人〃は国を特定せず〃外国人〃の意味で使っていた。

南公園展望台より西公園、福岡城址、大濠公園を眺める

鵜来(島)［ウガツ↓ウグ］

西公園の沖合に浮かぶ小島。波食で穿《ウガ》タレ崩壊した島の地形。

鳥飼［トロ・カ・ヒ↓トリカイ］

語源は**鈍**《トロ》**・カ・干**《ヒ》。原義は遠干潟。鈍《トロ》は通常よりも緩慢、脆いと感じる状態をいう。干《ヒ》は干潟。カは助詞。トロカヒの語音に近い鳥飼を当てた。

大濠公園の池を大改修した折の地質調査によると、約六千年前に起きた海進現象で急速に埋積され、弥生時代以降は緩慢な現象により江戸時代までは干潟と低湿地が続いたことが検出されている。蒙古襲来絵図に「鳥飼のしお干潟」「鳥飼潟のしおやの松」「馬、干潟に駆せ倒して」などと記されていることからも一帯が低湿地帯であったことが偲ばれよう。シオの語源はシホホで、水につかった湿地を呼ぶ。ここを〝草香江〟と呼んでいるが、文学史上では難波の入江が比定されている。

❖薬院・警固周辺

庄ノ浜［シホル→シホ→ショウノハマ］

語源は**シホル**（びしょ濡れの意）。原義は水につかりやすい湿地、潟地を呼ぶ。方言に〝濡れしぼたれる〟がある。往昔、住吉神社西側の春吉、今泉、薬院、警固、赤坂を結ぶ湾入した海辺を呼称。

　芦垣の隈処《くまと》に立ちて吾妹《わぎもこ》が
　袖もしほほに泣きしぞ思はゆ
　　（『万葉集』四三五七）

この地域が昔も今も水に浸かりやすいことに変りがない。実際、元禄八年（一六九五）には洪水で薬院、春吉、荒戸、新大工町が被害にあっている。

・旧那珂郡庄村（中央区薬院新川口）
・旧早良郡庄村（早良区金屑川河口原）／次郎丸村庄ノ町／橋本村塩田（室見川沿い）
・旧糟屋郡庄村（古賀市大根川沿い）
・旧志摩郡今津村庄ノ尻
・福岡市西区城《ジョウ》ノ原
・久留米市城島《ジョウジマ》町

薬院［ヤグイ→ヤクイ→ヤクイン］

語源は**弱《ヤグ》イ**。原義は泥地。ヤグイは地盤の弱い湿泥地を呼ぶ。ヤグイの語音を薬井と表記した時代もあったが薬院の漢字を当てたため後世、ヤクインと呼ぶようになった。「明治三十三年測図」ではヤクイと訓みがなを振っている。薬院《ヤクイ》川川付きは湿地（小烏《コガラス》）で、地名発祥地は古小烏神社下から西光寺下へかけての一帯をさし、西鉄線、地下鉄線の駅界隈ではサラサラない。

・旧糟屋郡米多比村薬院《ヤクイン》

・旧佐賀県背振村鳥羽院《トバイ》

小烏［コ・カレ・ス→コガラス］

語源は**涸《カ》レ・洲《ス》**。原義は水量の少ない泥状の底を呈した川を呼ぶ。**コ**は接頭語。この水路は古小烏神社の鎮座する高台の下辺りが源。警固神社南側の国体道路は敗戦後、昔の泥川《ヤグイ》を埋立てて造成。警固神社は小烏神社を転座させたもので、旧座の辺りを古小烏と呼んだ。

・旧志摩郡久家村小 烏《コガラス》

御所ノ谷［コセ→ゴショノタニ］

語源は**コセ**（些末《さまつ》）。原義は、ちょっとした谷状の地形（狭間）。コセの語音に好字の御所を当てた。雙葉女学園の尾根と金比羅神社の尾根とに挟まれた低地。「コザコザ」とか「コソコソ」などと同じ語源。

『筑前国字小名《あざしょうみょう》取調帳』（明治十四年）では「御所ノ谷」と記載。が（ケ）に変わったのはその後のことだろう。

警固［クエ・コ→ケゴ］

語源は**崩《ク》エ・処《コ》**。原義は高まりの地が崩壊した処。警固の字は、崩壊しやすい地形の厄災を除《よ》ける祈りを込めたのかもしれない。筑紫女学園のある警固本町界隈が地名発祥地で、古代史の博多警固所は他の地に所在したのではないか。

・旧那珂郡那珂村警固町《マチ》／上警固村警固
・旧早良郡四ヶ《シ》村警固／橋本村警固
・旧糟屋郡久原村毛後寺《ケゴテラ》
・旧志摩郡元岡村芥子《ケゴ》

これら全てが博多警固所と関わりがあるとはいえないだろう。『日本書紀』承平元年（九三一）に次のような記事がある。

〝令占《かさねてうらなう》大宰府警固所鷺集事〟

鷺の生態から察すると博多警固所は鷺が集団《コロ》営巣《ニー》を作れる樹木が繁茂し、採餌しやすい潟、湿地が近辺に在る地形の処に設置していたと推測される。

伊福［イ・フク（ラム）→イフク］

イは接頭語。語源は**膨**《フク》（**ラム**）。原義は膨らんだ丘。福崎と同じ語源で、雙葉女学園前の通りから北東へ向かって膨らんだ丘の地形を呼称。

小笹［ヲ・ササ→オザサ］

ヲは接頭語。語源は**淤**《ササ》。原義は泥地、澱地。北側の植物園の在る丘陵、鴻ノ巣山、金山などに囲まれた谷あいのような地形。水路ならば落《おち》合《あい》と呼ぶ地形。周辺高地から小さな流れを集めながら小水路が旧小笹駅付近から平尾方面へ流れる湿地。因みに、小笹駅前から梅光園へ抜ける道はなく、旧筑肥線は高まりの地を掘り割って敷設。

・旧嘉穂郡佐与村尾笹《ヲザサ》

近畿地方の三十六諸大寺に帰拠した廻国修験者が拠点とした処も小笹（金峰山《きんぷせん》の奥地）と呼ぶ。

大鋸谷［ヲガ（ス）→オガタニ］

語源は**ヲガ**（**ス**）（＝掻《かき》取る）。原義は犬猫が足で掻き取ったような細い谷。地下鉄桜坂駅傍の交叉点から動物園（南公園）へ向かって駆け上がるような急勾配の狭い地形。ヲガの語音に近い漢字、大鋸を当てた（ヲガ屑《くず》など）。

　現代人の認識は鋸で板を〝切る〟だが、往昔の人のそれは板を掻き取る（屑《ヲガ》ス）だったのではなかったか。つまり、包丁で物を切ること、刻《きざ》むことと鋸を挽くことの意味のちがいを明確に把握していたと思われる。

馬屋谷［マヤ→ウマヤダニ］

語源は**両下**《マヤ》（真屋根）。原義は書物を開いて伏せたように、棟の両側二面に葺き下ろした家（切妻の屋根）。マヤの語音に馬屋を当てたため、後世の人はウマヤと呼称するようになった。
　谷一丁目と二丁目とが境をなす細い馬の背のような丘陵が両側に谷を形づくる地形。

茶園谷［サヘ→サエノタニ→サエンダニ］

語源は**塞**《サヘ》。原義は行き止まりになった谷。今は旧電車通り（城南線）が通じているが、昔は六本松三丁目と谷一丁目とを連ねる丘陵が壁のように立ちはだかる谷間だった（「明治三十三年測図」）。電車道はそこを切通して昭和二年（一九二七）三月二十六日、単線で開通。複線化したのは昭和五年（一九三〇）十月七日（『西日本鉄道七十年史』）。
　もともと急傾斜の地形だったため、六本松側から茶園谷坂を上《のぼ》る電車は緩いカーブを描きながら切通しの峠（天狗松）を越えた。左右は削り取った急崖の地肌が見られたが、今は高層マンションがその面影を隠してしまった。峠を越えた電車は緩い下り勾配を下って、大鋸谷《オガタニ》の練《ねり》塀町《べいちょう》停留所に停車（現地下鉄桜坂駅）。再び緩い上り勾配を駆けあがって古小烏停留所に着いた。その後はカーブを描きながら緩い下り坂を南薬院に向かった。

子どもの頃、この界隈の地形の印象がとても強かったのも箱崎という平坦地育ちだったからだろう。練塀町を出発した電車が六本松へ向かう時、運転台の窓の向こうは真っ青な空だけしか見えなかった。何だか空の彼方へ溶け入っていくような気がした。谷内六郎の絵の世界そのままだった。逆に、六本松から登ってくる電車は青空の中からポール、屋根、運転台……と順に姿を現してきた。城南線沿線でこの界隈だけは不思議な雰囲気を醸し出していた。

当時のマッチ箱電車の馬力では、南薬院から茶園谷へ一気呵成にまっすぐ駆け上がることができなかったのだろう。東京市電も九段坂の上と下との間は、わざわざ別ルートの専用線を設けて走った。

・東区西戸（←塞処《サヘト》）

◉福岡市南区

【野間・塩原・曰佐周辺】
【野多目・柏原周辺】

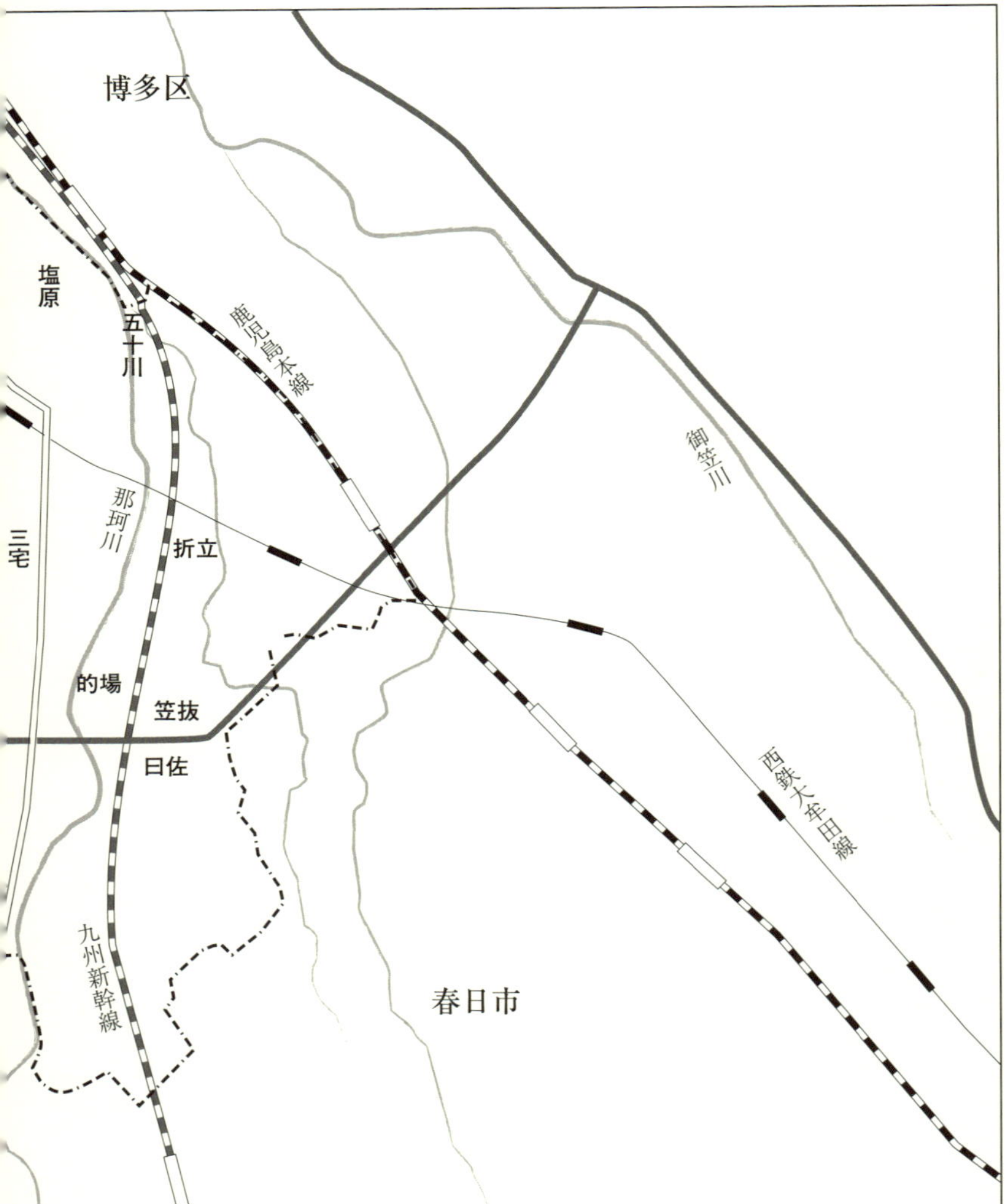
博多区
塩原
五十川
鹿児島本線
御笠川
那珂川
三宅
折立
的場
笠抜
臼佐
西鉄大牟田線
九州新幹線
春日市

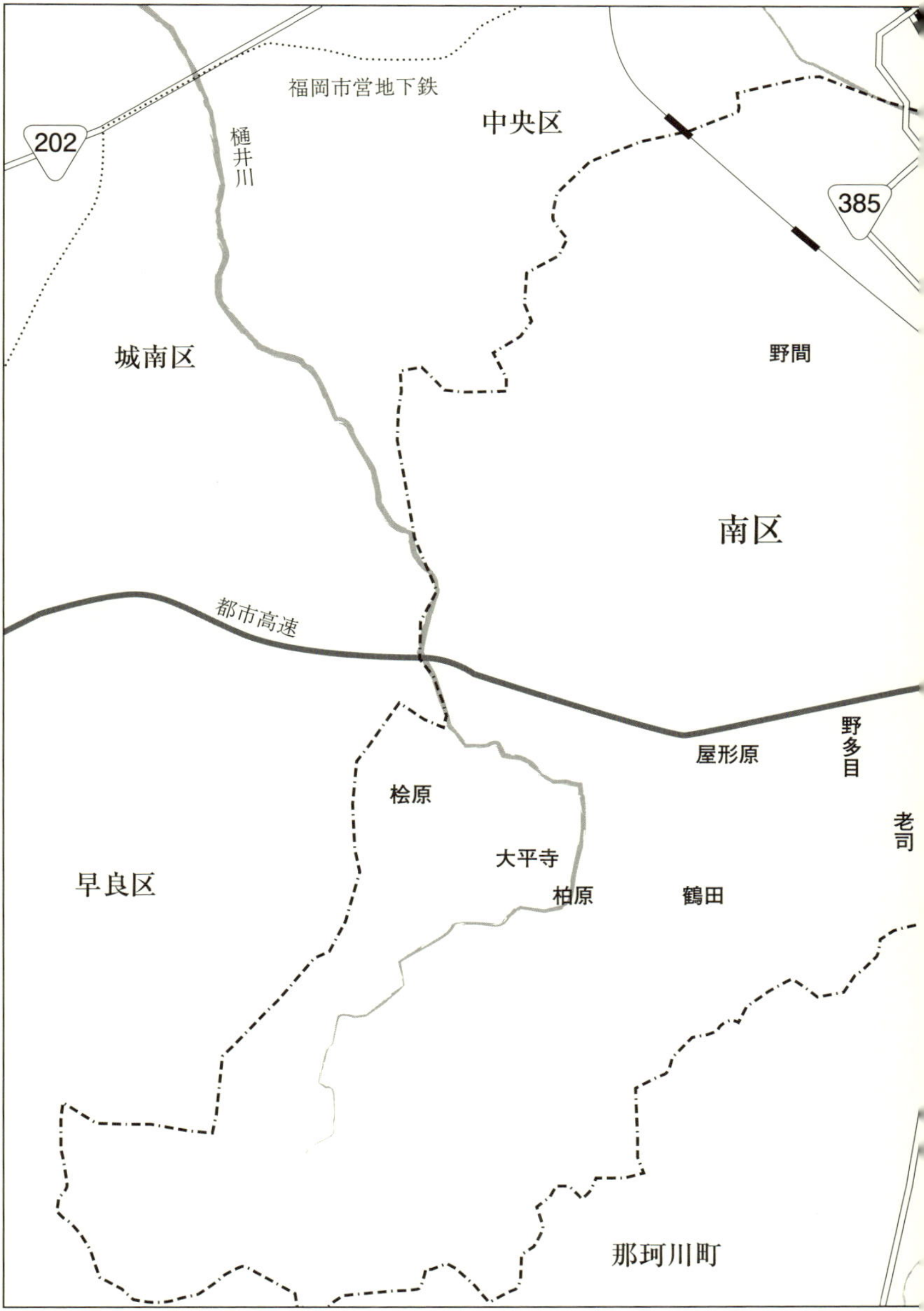

福岡市営地下鉄
202
中央区
樋井川
385
城南区
野間
南区
都市高速
野多目
屋形原
桧原
老司
大平寺
早良区
柏原
鶴田
那珂川町

❖野間・塩原・曰佐周辺

野間［ヌマ→ノマ］

語源は沼間《ヌマ》。原義は湿泥地。「明治三十三年測図」によると西鉄高宮駅南域の低地が奥深く入り込んだ沼地。野間大池から皿山、三宅和田へかけて湿地帯であり、柳河内と称する地名が近くにある他、旧若久村には湿地を呼ぶ小字がみえる。

菖蒲《ショウブ》、新開、井手ノ表、平田、前川、井手ノ脇、溝添、コモハラ、堀田《ホリタ》、池ノ下、住吉、前田、谷　（『字小名取調帳』）

地質図では、一帯は谷底平野に分類されている。また、若久小学校隣りに住吉神社が座していることも水辺であることを証している。旧姪ノ浜村にも野間の地名があり広い湿地帯の地域。

高宮・平原（南区）と、共に筥崎宮の社領であったが南宋の貿易商で博多に居住した謝国明の仲介により承天寺領として譲渡され給田となった。それ以来、一月十一日には承天寺の僧侶団が筥崎宮にお礼詣りするのが通例となっている。

旧野間村野添、畠《ハタ》ヶ田にかけて〝文化村〟と呼ばれる地域がある。大正十二年（一九二三）、全国的に大都市が人口の集中による住宅不足をきたす世情に鑑み、政府は住宅組合法を公布。福岡市でも同じ現象がみられ、給与生活者が急増した。

そこで県庁職員が率先して同法に基く住宅組合を組織し住宅建設にとりかかった。現在の南区高宮五丁目から多賀一丁目へかけての地域にあたる。田畑や丘陵を掘削して宅地を造成し始めた頃、九州鉄道（現西鉄線）が福岡―久留米間に高速電車運転を目ざして線路の建設中だった。平尾駅が省線（筑肥線）との立体交叉のため高架用の盛土として転用された。住宅建設は大正十四年三月、全事業を完了し同組合は解散した（『野間多賀町沿革記』）。

現在その名残りとして、文化村の入口を流れる若久川に架けた橋を〝文化橋〟と呼ぶ。

・旧那珂郡五十川村野間
・旧早良郡姪ノ浜村野間

五十川【コジル・カハ→ゴジッカワ】

語源は**抉《コ》ジル**。原義は高まりの地を抉《コ》ジルようにして流れる川。那珂台地の裾を川が抉るようにして流れる地形を呼称。

『続風土記』には、〝五十川村は午時講《ゴジコウ》村だったが近代誤りて五十川と書〟と記している。であるならばコジルカハ→ゴジカウ→五十川と転じたのだろう。伝えられている解釈は漢字に頼ってムリをしたのだろう。

つまり、『続風土記』は続けて〝古の名によりて見れば、昔此所にて、午時に仏経を講せしにや〟とある。だが、明らかに〝午時講〟は〝五時教（五時講）〟が訛ったもの、まして〝午の刻に講じた所〟とは納得し難い。なお、〝五時教〟とは、『岩波仏教辞典』（中村元他編）によれば、〝釈迦一代の説法と、その生涯の五つの時期に区分整理した経典批判〟であり、〝五時講〟は天台の五時教判にしたがって五部の大乗経典を順次講説する法会。天文年間の文書に「五十講」、戦国期は「五十カウ」、小早川期の『指出前之帳』では「午時構村」の表記が見える。不統一な表記は原義が不明な証し。

塩原［シホ(ル)・ハル→シオバル］

語源は濡《シホ》(ル)・開墾地《ハル》。原義は水を被りやすい湿地を開墾した処。那珂川が氾濫するたびに水を被る地域を呼称した。室町中期の古文書(『大炊入道祐泉申状』)に「塩原」の地名が見える。

折立［ヲル・タツ→オリタテ］

語源は折《ヲ》ル・立《タ》ツ。原義は那珂川の水流によって削られてできた急崖の川岸。西鉄線と九州新幹線が交叉する南地域。井尻方面から延びてきた高まりの地が、香蘭女子短大付近から高木(←高処《タカキ》)小学校へかけて大きく曲り込んだ旧河道によって抉り取られた地形(「土地条件図・福岡」)を呼称。小字がそれを証している。

新古川、上古川、下古川、古川、三反フケ(湿地)、下フケ、開、外開、内開、小敷、河原

・旧那珂郡五十川村折立
・旧早良郡次郎丸村折口
・旧嘉麻郡山野村折口
・北九州市八幡西区折尾

的場［マ・テ・ハ→マテバ→マトバ］

語源は潤《マ》・方《テ》・端《ハ》。原義は那珂川が分流して陸地に入り込み蛇行によってできた湿地。

・旧鞍手郡上頓野村的場
・旧穂波郡椋本村的場
・糟屋郡新宮町的野

潤方《マテ》はマテ貝と同じ語源。マは水泥質の地。テは接尾語。マテ貝は砂泥質の底の方(潤・方)に住み、アサリ貝はそれよりも浅い砂質土に棲息している。

三宅 [ミ・ヤ・キ→ミヤケ]

博多区春住小学校西隣で発掘調査中の遺跡が〝那津官家《なのつのみやけ》〟趾と断定（西日本新聞、平成十二年八月二十五日付）されてからは、こちらの〝三宅〟は口伝に過ぎなくなった。つまり、ミヤケの地名発生について改めて考察する必要が生じた。

語源は**水**《ミ》・**萢**《ヤ》・**処**《キ》。原義は旧那珂川尻（井尻）に広がる湿泥地。「土地条件図・福岡」を読むと、一帯は那珂川の旧河道が警弥郷から下流へかけて乱れた氾濫原。近傍の的場、塩原も水泥地を呼称する。

『和名抄』に三宅郷の地名が見えるが、古代の寺院や土地の有力者は寺号、苗字に地名を名のるのが通例で、ミヤキの音《おん》に三宅を当てたと思われる。官家と三宅の関係は『古代地名語源辞典』（東京堂出版）に詳しいので参照のこと。

日佐 [ヲ・サ→オサ]

語源は**秀**《ヲ》・**サ**。秀《ヲ》は周囲よりも際立った目立つ地形のこと。原義は河岸段丘。サは高さを意味する語につく接尾語。この界隈で際立って目立つ地形。九州大学名誉教授、浦田英夫氏は次のように説明している（『福岡市付近の平坦面

日佐中位段丘崖
（春日市日拝塚古墳下）

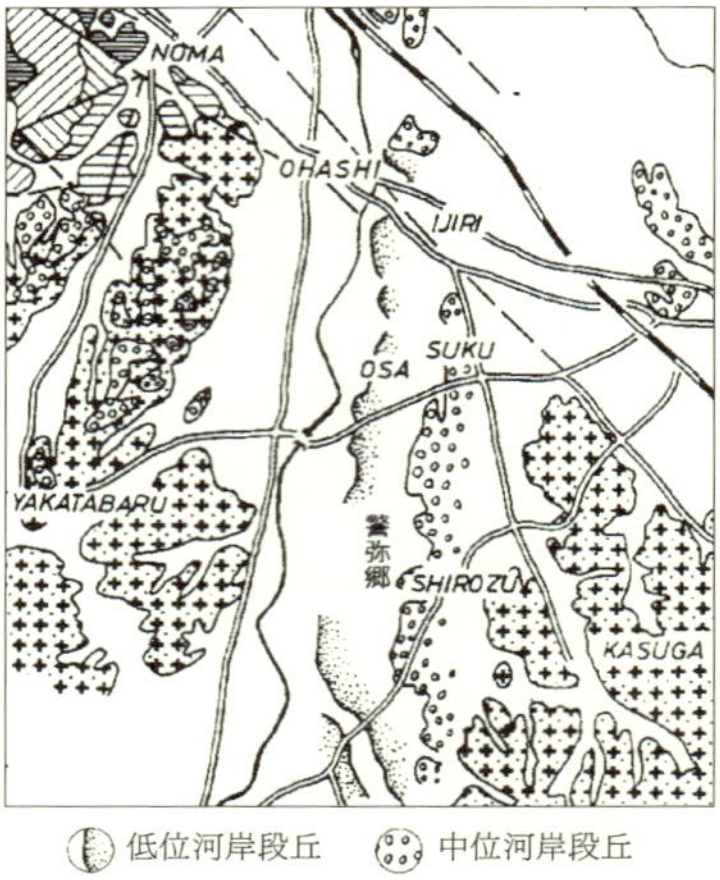

臼佐段丘崖分布図(「九州大学教養部地学研究報告」第八巻の浦田英夫氏作成図に加筆)

の地史学的研究』九州大学出版会)。

沖積段丘面が臼佐付近に見られるが、その延長方向における現河床面との境界は上流側も下流側も収斂するため不明瞭となる。またこの段丘面は沖積低地から比高約一・〇メートルで分布は那珂川中流部分にのみ限定される。(傍点筆者)

また『福岡平野の古環境と遺跡立地』(九州大学出版会)では次のように説明している。

那珂川中流域では弥生時代以降に河床高度が低下し臼佐段丘を形成した。那珂川が再び安定するまでの間に、旧河床部分が侵食され河口部に大量の土砂が供給された。

……臼佐の沖積段丘面を構成する地層の中から縄文中期から弥生時代の遺物が出土している。出土状態から見て、同段丘構成層は縄文時代中期以降に形成され、同晩期には生活の場となっていたと推定されている。

臼佐段丘面と那珂川面との段差が長大顕著であることから一体をヲサと呼び地名となった。

・旧糟屋郡浜男《ハモウ》村片男佐/甲宇美村長臼佐
・旧那珂郡那珂村深臼佐/臼佐村
・旧御笠郡若江村永於佐/西小田村長ヲサ
・旧下座郡吉木村ヲサ田/同村コヲサ/長田

村アジヲサ
・旧早良郡東入部村ナカヲサ
・旧志摩郡久家《クガ》村長ヲサ
・旧嘉麻郡有井村長ヲサ
・旧穂波郡八木山村立《タテ》ヲサ

笠抜［カサ・ヌケ→カサヌキ］

語源は**嵩《カサ》・抜《ヌケ》**。原義は高まりの地が水量の多い所が抜けて崩壊した処。ここは春日段丘の末端部（横手南町）にあたる。

平成十二年十二月二十三日、福岡市教委により遺跡発掘説明会が催された。縄文末期の水路跡、弥生中期から後期へかけての頃造られたと思われる堰《せき》が検出された。川に三列の杭列を打った跡が見られるが氾濫によって押倒された状態だった。少くとも三回程度の洪水が起きたようだ、とのこと。

・旧御笠郡筒井村笠抜《カサヌキ》

❖野多目・柏原周辺

屋形原［ヤ・カタ・ハル→ヤカタバル］

語源は**湿地《ヤ》・方《カタ》・墾《ハル》**。原義は湿地を開墾した処。旧集落、野多目、鶴田をも含めたこの地域は谷状の地形が集まっており、往古は水排《は》けの悪い低湿地帯だったと思われる。ハルに墾を当てるのは律令期、治は平安期、原を当てるのは中世期に入ってからの表記。南北朝期の文書に「屋形原」の地名が見える。

・旧糟屋郡萩ノ尾村屋形葉山
・旧御笠郡北城村成屋形《ナリヤカタ》
・旧早良郡桧原《ヒバル》村屋形町《マチ》
・旧下座郡長田村屋形町《マチ》

・旧夜須郡曽根田村屋形崎／四三嶋《シソウジマ》村屋形原《ヤカタハル》
・旧怡土郡福井村 隠屋形《カクレヤカタ》／飯氏《イイジ》村屋形町《ヤカタマチ》／千里《センリ》村屋片町《ヤカタマチ》
・旧穂波郡馬敷《マシキ》村谷屋形

マチは松樹の幹のうろこの様に、小さな流れが網目状に湿地帯に拡がった地形を呼ぶ。マチの音に近い漢字の町を当てたもので、行政的な意味はない。また、マチの表意文字としては、適応したものがないようだ。旧青柳村の青柳町は青柳川沿いの湿地帯をいい、箱崎松島は多々良干潟を呼ぶ。

大平寺 ［タヒラ→タイヘイジ］

語源は**平**《タヒラ》。原義は平坦地。タヒラの語音に好字の大平を当てたもの。タヒラの呼称が先で寺号は後世の命名だろう。現地は柏原から下ってきた丘陵先端部が平地に接する処。山伏、修験者などが布教の場とした所で、江戸期以降の寺のイメージとは異なる。往昔は、○○寺というような特定の寺名がはっきりしていないのが普通。それぞれの地域に寺ができると概ね所在地の名称をとるか、寺を建てた人の名を付けるのが一般的だった（小田富士雄『大宰府の歴史・3』西日本新聞社）。

鶴田 ［ツル・タ→ツルタ］

語源は**曲**《ツル》**・処**《タ》。原義は曲った地形。屋形原南側の細長い低地。ツルは細く長く屈曲した状態をいう。植物の蔓、鳥の鶴も同じだろう。ツルの語音に佳字の鶴、タには好字の田を当てた。鶴田集落、老松神社のある高台一帯は近くの三宅**和田**（←曲《ワ》・処《タ》）よりも急な曲がり方の地形を見せている。

柏原 【カシ(グ)・ハラ→カシワラ】

語源は**傾《カシ》(グ)・原《ハラ》**。原義は傾斜地。近くで弥生遺跡が発掘されているので漢字渡来以前からの呼称だろう。カシグの語音に好字の柏を当てた。そもそも、現地が地名となるほど柏の木の存在が大きかったかどうか、疑問がある。

往古、柏は飯《いい》を盛る器の代用だった。『万葉集』の〃家にあれば笥《け》に盛る飯を……〃の歌のように柏のみでなく多くの広葉がカシハと呼ばれた(『牧野植物図鑑』)。葉にタンニンが含まれているので飯の腐敗を遅らせる働きがあることからも重宝がられた。現在でも祝い事に御赤飯をたき、重箱に盛って知人に配るとき南天《なんてん》の葉を載せる習慣もこの例に基くもの。

したがって樫原村と柏原村の文字の差異は村名が同音のため当てる漢字をちがえた。ワラはハラが訛った語音(ハ行転化音)で、明治初期にはカシワラと呼称していた(『筑前国字小名取調帳』)。

野多目 【ヌ・タ・マ→ノタメ】

語源は**沼《ヌ》・処《タ》・間《マ》**。原義は沼地。那珂川中流域で曰佐の対岸地域。発掘調査報告によれば一帯は半乾田の地形。

桧原 【ヒ・ハル→ヒバル】

語源は**樋《ヒ》・墾《ハル》**。原義は樋井川の川付きの湿地を開墾した処。

老司 【ロシ/リョウショ→ローシ→ロウジ】

語源は①**路次《ロシ》**か。原義は行き止まり。老司古墳の丘を川下から望むと突き当たりに見える。ロシ→ローシのように長音化するのは中世期に入ってからの特徴的な現象である。古文書、書状等に表記されたローシの地名を挙げる。

老子村　建武三年（一三三六）仁木義長からの地頭職を賞与する書状

廓子村　観応三年（一三五二）書写。安楽寺領注進状

嘉吉三年（一四四三）小弐教頼による本領安堵の書状

老司村　小早川指出前之帳

語源②**領所**《リョウショ》→ローショ→ローシと転じたとみると、原義は〝安楽寺の領有地〟と考えられる。〝領所〟の語は『大鏡』にもあり、〝領地〟の意。因みに、同地の老松神社は菅原道真、住吉神を祭祀。ロウシの語音に佳字の老司を当てたと思われる。

◉福岡市 城南区

【油山・片江周辺】
【七隈・茶山周辺】

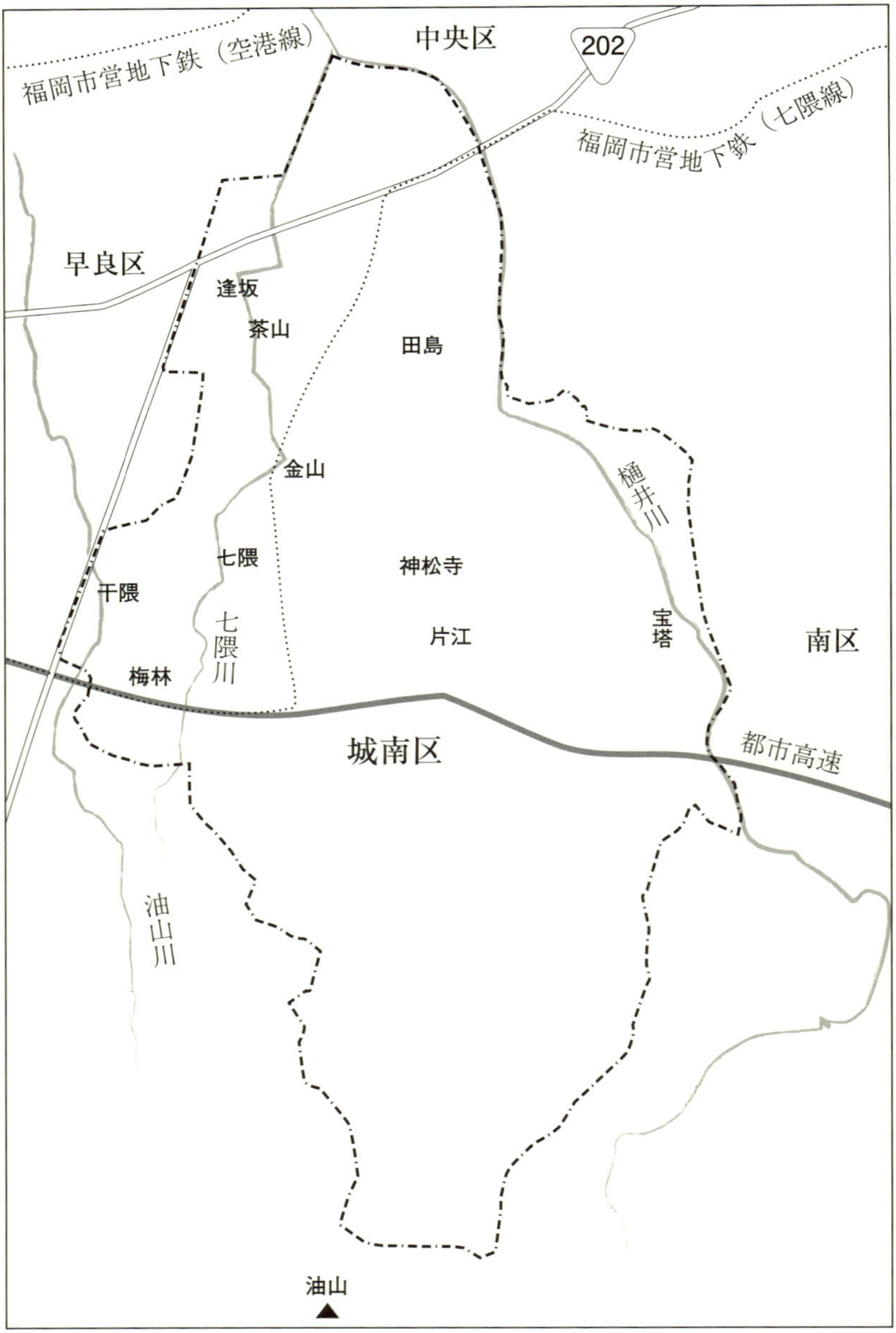
中央区
202
福岡市営地下鉄（空港線）
福岡市営地下鉄（七隈線）
早良区
逢坂
茶山
田島
金山
樋井川
七隈
神松寺
干隈
片江
宝塔
南区
七隈川
梅林
城南区
都市高速
油山川
油山

❖油山・片江周辺

油(山)［アフ(レ)・ラ→アブラ］

語源は溢《アフ》（レ）・処《ラ》。ラはそこら、ここらなど同様、場所を意味する語につく接尾語。アフレ・ラの語音に油を当てた地名で大した意味はない。鎌倉中期の文書に「油山」の地名が見える。

往古、大崩壊を起こした山岳なのだろう。それも西油山から梅林《ウメバヤシ》、野芥《ノケ》方面へかけて。胸骨をアバラ骨と称するが、背骨から前方へ張り出した（溢《アフ》レ）形をしている様を呼称したのと同じ語源。『続風土記』の西油山村の項に次のような記述がある。

　西油山には大石多し。民家は所々大石の間にあり。今の西油山の地むかしは中河原とはいえり。村里なく田畑もなかりしか、近世田畑を開き家を作りて村とはなれり。

右に記された地形の一帯を『字小名取調帳』は旧早良郡西油山村石河原《イシカハハル》と呼ぶ。地形的にこの地域は両側の尾根に比べて甚だ緩傾斜地形を示す。土地の人の話では、井戸を掘ると地下の大石に当たることが多いという。「土地条件図・福岡」でも〝東入部、西入部、重留《シゲトメ》へかけて過去に大きな土石流があったことを示す〟と記述している。集落上方に鎮座する海神社は土石流再発の厄除けを願っての祭祀ではないか。同社が鎮座する場所は埋没されずに残った高まりの地と思われ、ウマルの語音に近い漢字の海を当てたと思われる。

平地で油《アブラ》と呼ばれる所は多い。洪水、氾濫などが起きた処ではないか。アバケル→アバケ・

処《ラ》↓アブラ（アバケタ処）と転じたとも考えられる。化膿した傷が破れて膿が溢れ出ることをアバケルと称するように、油山が土砂崩壊（山崩れ）を起こした様を呼称したのだろう。因みに、平地で油と呼ぶ地名には中世期に荘園主が開発した溢《アフ》レ地に好字の油を当てた地名もあろう。

・田川郡添田町油木ダム
・旧那珂郡片縄村油田
・旧御笠郡杉塚村油田
・旧早良郡姪ノ浜村油田

神松寺［カマツチ↓シンショウジ］

語源は**かまどの土**。集落は友泉亭の前、下長尾の西に位置する。丘陵先端部の南側に在り老松神社を背にしている。同神社は丘陵上で東向きに鎮座しているが土壌の質は志賀ノ島と同じ花崗岩が風化した真砂土《マサツチ》でボロボロ。福岡市指定土砂崩壊危険区域でもある。

カマツチの語音は、『全国方言辞典』によると西日本地方に広く分布する語で赤土《あかつち》や粘土質の土壌（殖《ハニ》）を呼ぶ。カマツチの語音に近い佳字の神と松を当て音訓みしたのだろう。テレビニュースで知ったが、中央省

西区羽根戸から油山、荒平山を望む

庁の役人に「釜土」という人がいたのにはビックリ。

「明治三十三年測図」を読むと福岡大学の近くに〝練瓦山〟と称する丘陵がありレンガを焼く工場がマークされている。

・旧糟屋郡上和白村竃土《カマツチ》

片江【カタ・ヘ→カタエ】

語源は**傾《カタ》・辺《ヘ》**。原義は傾斜地。丘陵西面の集落の在る方の傾斜に比べ丘陵上の神社側は急で土砂崩壊を起こしやすい地形。この神社は阿蘇大明神と称し東向きに鎮座。筑前地方では八幡、老松、宝満、熊野などの社名が多い中では珍しく〝阿蘇《アソ》〟(土砂崩壊、急傾斜地)を名のる。ここも神松寺と同様に土壌は風化している。明らかに土砂崩落の厄災を恐れての祭祀。拝殿に奉じられた絵馬の中に阿蘇五岳を描いた古いものがある。室町後期の文書に「片江」の地名が見える。

宝塔【ホト→ホウトウ】

語源は**火門《ホト》**。原義は女陰に似た地形。ホトが長音化してホートーと転じ仏教用語の宝塔を当てた。語音が長音化するのは中世期に多い現象。

宝台団地は宝塔、抉牟田《クジムタ》の二ツの溜池を埋立造成した処。宝塔池の一字をとって団地名とした。ホトは『古事記』に見える語。クジムタは指先でクジったように細く入り込んだ湿地帯を呼称。クジルは『竹取物語』に見える語。団地造成前に実施された考古学発掘調査報告書に地形が記録されている。団地造成がすすんで付近の地形がすっかり変わってしまい往昔の面影はない。

❖七隈・茶山周辺

七隈 [ヒジ・クマ→ヒチクマ→ナナクマ]

語源は**湿泥地《ヒジ》・隈《クマ》**。原義は奥まった低湿泥地。ヒジの語音に七を当て後世、ナナと読むようになった。旧七隈村の集落は七隈原の谷間いにあり七隈川が流れる。左記の小字地名が湿泥地であることを証明している。

　前牟田、八尻《ヤチシリ》（←湿《ヤ》地《チ》後《シリ》）、庄ノ江、臼井、下野町《シタノマチ》、粥町《カユマチ》

粥《カユ》は粥状の湿泥地を呼称し、マチは松樹のうろこ状に湿地の中を水が散らばって流れている地形をいう。

鎌倉末期の文書に「七隈郷」の地名が見える。因みに、天文年間に「七車」と表記した例もある。

七隈公民館に古絵図を模写した絵図があったので見せてもらったが、谷間いの湿泥地であることが確認できた。土地の古老の話では、一帯は水排《は》けの悪い田圃で、踏み入れた足がズブズブと泥地に沈むほどだったとか。また、収穫した米の質も良くなかったそうだ。

梅林 [ウメ・ハヤシ→ウメバヤシ]

語源は**埋《ウ》メ・逸《ハヤ》シ**。原義は土砂崩壊で埋まった急斜面。旧梅林村の小字に崩園《クエソノ》と呼ぶ地名がある。ハヤシ（逸／急）は時間的、地形的にも使う語。

地名に梅の好字を当てた多くは土砂崩壊で埋マルとか、湿地を造成し埋《ウ》メ処《タ》地形。大阪キタの梅田も湿地を埋立造成した処。

・旧席田郡金ノ隈村梅林《ウメバヤシ》

干隈 【ヒマ・クマ→ホシクマ】

語源は**隙間**《ヒマ》・**隈**《クマ》。原義は隙間のような狭い地形。隙間《ヒマ》隈→ヒノ隈→干隈《ヒノクマ》→ホシクマと転じた語音。干隈の集落から梅林五丁目草場池へかけての細長い莢《さや》状の低地や、西南大学神学部西側の隈添池と隈本池をつなぐ細長い低地を呼ぶ。

ヒマは『源氏物語（夕顔）』に見える語。「……くまなき月影、ひまおほかる板屋残りなく漏りてきて……」とある。

地下鉄七隈線敷設工事に伴う外環状通りの開通でヒマクマの地形を想像できない程に地形がズタズタに断ち切られ破壊された。

・旧御笠郡阿志岐村星隈《ホシクマ》
・篠栗町日ノ浦（←ヒマウラ）
・旧八女郡矢部村日向神（←隙《ヒマ》ガ廻《ミ》）
・長崎県田平日ノ浦（平戸口駅近辺）

茶山 【チブ→チャ→チャヤマ】

語源は**潰**《チブ》。原義は頂上が磨り減った山。潰《ツブ》スがチャブスと訛ってチャ山と呼称されるようになったのではないか。関東南部地方にその例がみられるという（『地名用語語源辞典』）。「明治三十三年測図」を読むと、茶山の山容は高い頂がなく準平原化した、いわば磨《す》り切れたような高台。『蒙古襲来絵図』でいう塚原（高まりにある原）のことだろう。

金山 【カナ／カ(キ)ナ(グ)→カナヤマ】

二ツの解釈が考えられる。

①**カナベト**の語源から原義は〝赤土の山〟。カナは鉄錆の赤をよび、ベトはベトベト、ベタベタのように粘土質の土壌をいう。

②「明治三十三年測図」では南西方向（片江）

へ土砂崩壊の跡が見られることから、篠栗町金《カナ》出《デ》と同じ語源の**掻**《カ》（キ）**薙**《ナ》（グ）で、土砂崩壊した山。

因みに、背振山系の金山《カナヤマ》は曲《カナ》山の意。

田島［タチ・マ→タジマ］

語源は**立**《タ》**チ・間**《マ》。原義は急崖地。樋井川の旧河道跡に面した崖地が南北に続いた地形を呼ぶ。杖立立《タチ》は急崖、切り立ったような地形をさす。（←潰《ツ》エ立《タ》テ）と同じ語源。旧田島村の地形を推測させる小字を次に拾う。

カツキ、ワラヒタ、辻ヶ浦、乗ヶ坂、大浦、落合、小竹、鉾田、山伏谷、寺床、鳥越

当地名の初見は室町期宝徳元年（一四四九）の文書に「鳥飼内田島」とある。

・旧但馬国（兵庫県）

・旧尾張国智多郡但馬郷

・旧伊予国宇和郡立間郷

逢坂［アフ→オオサカ］

語源は**逢**《ア》**フ**。原義は尾根を挟んで東西両方からの登り坂が出合う所。登りつめるとすぐ下り坂になる丘陵の狭い峠。現在の末永文化センターの北西角地。

◉福岡市早良区

【高取・野芥周辺】
【石釜・背振山周辺】

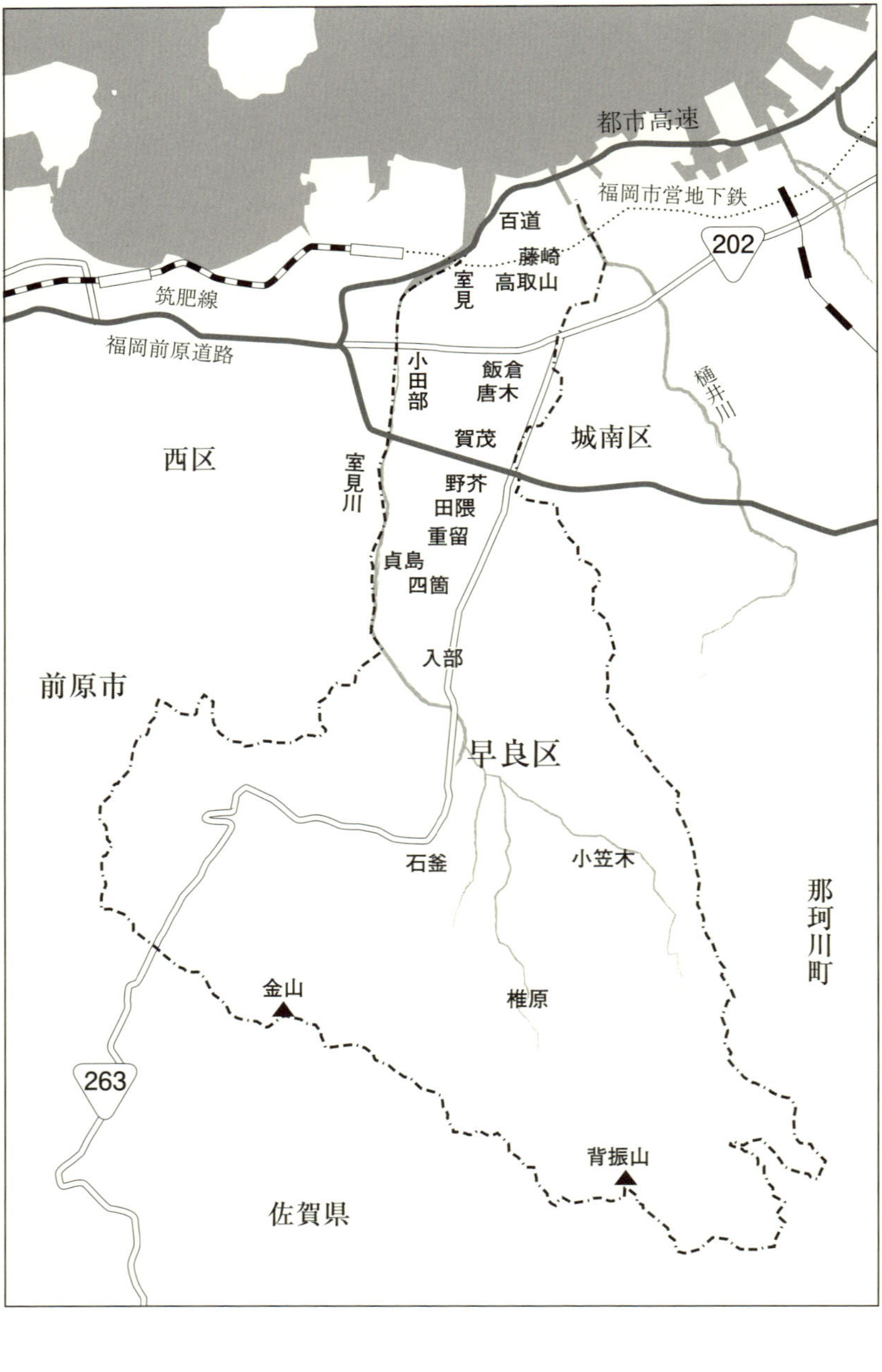

都市高速
福岡市営地下鉄
202
百道
藤崎
室見
高取山
筑肥線
福岡前原道路
小田部
飯倉
唐木
樋井川
賀茂
城南区
西区
室見川
野芥
田隈
重留
貞島
四箇
入部
前原市
早良区
石釜
小笠木
那珂川町
金山
椎原
263
背振山
佐賀県

早良［ソハ・ラ→サワラ］

語源は**岨《ソハ》・処《ラ》**。原義は水を被りやすい室見川の氾濫原。ソハは精神的にソワソワと落ち着かない状態をさすが、地名用語としては洪水の被害を蒙りやすい低湿地原。市役所が公刊した「室見川洪水ハザードマップ」で証明している。

七隈、油山、金屑、室見などの中小河川とその支流が多くあり、往古からこれらが豪雨のたびに大小の溢水氾濫をくり返していたため、早良平野は落ち着かない不安定な広い湿地帯だったと思われる。『続風土記拾遺』にも〝早良川（室見川）の東、元禄十四年新田となる。昔よりの斤《かた》地半減す〟とあり、使いものにならない湿地の時代が続いていたことを伝えてくれている。

早良平野に散在する旧村のうち、原《ハラ》村の小字地名を次に挙げるが、低湿地を意味するシマ、マチが多い。

瓦《カワラ》田《タ》、有町、相行町《アイギョウマチ》、五次郎町、着《ツク》無《ム》田《タ》、下堀《シタホリ》、大無田、野間尻、水町、汐入、新開、船底、浮島、持溝《モチミゾ》、安島、鬼ヶ島、深町、敷町、水ヶ元、平島、高島、鴨添、戸《ト》樋《ヒ》掛《カケ》、登縄《ノボリナワ》、蟹《カニ》ヶ島、十郎無田

因みに、祖原山は湿地帯の中に座する山の意だろう。人吉の早良《サガラ》の語源は嶮処《サカラ》で山がけわしい意。急崖地形をさす。

・旧席田郡上臼井村早良《サハラ》町《マチ》
・旧早良郡鳥飼村巾《チウ》手《テ》早良《サハラ》
・旧怡土郡東村早良《サハラ》牟田《ムタ》

別解は、**沢《サハ》・処《ラ》**。湿地帯を呼称。

高取(山)［タカ・トリ→タカトリ］

語源は**高《タカ》・崖《トリ》**。原義は切り取られたような地形の山。地下鉄藤崎駅南方に在る山。鳥取県を始め各地にトリ（ル）の地名があるが何《いず》れも丘陵、山地、崖地に見られる。因みに、福岡市中央区赤坂（旧下警固村）小字に〝土取場〟がある。

・旧夜須郡野鳥村
・旧下座郡白鳥村

藤崎［フチ・サキ→フジサキ］

語源は**縁《フチ》・前《サキ》**。藤崎八幡宮が鎮座する微高地の縁《ふち》の前《さき》を呼称。因みに、南区井尻二軒茶屋付近も藤崎と呼ぶが、こちらは春日方面から延びてきた段丘の端《フチ》、または近辺に存在を疑われている警固断層のたてずれの跡が見られたのではないか（「土地条件図・福岡」）。

・旧御笠郡井尻村藤崎
・旧糟屋郡志賀島村藤棚

昭和20年代後半、弥生2丁目から原へ行く旧筑肥線の踏切。西新駅西方の湿地帯の名残り（真武保博氏撮影）

百道 ［モミチ→モミヂ→モモチ］

語源は、**揉《モ》ミ地《チ》**。原義は合戦の場。

元寇のおり、日本軍と蒙古軍が激しく揉ミ合ッタ合戦場。『平家物語』には、合戦の場面を〝揉ム〟〝揉ミ合ウ〟〝揉ミニ揉ンデ〟などと記している。したがって〝揉ミ地〟の語音に近い好字〝紅葉〟を当てたと思われる（常緑樹の松林に不相応な当て字だ）。

『続風土記』に次のような記事がある。

元和四年（一六一八）、白砂のために松を植えて紅葉松原と称した。

なお、『八幡愚童記』の正応本（鎌倉期）、文明本（室町期）には〝もも道、百路原〟と記されている、という。

因みに、広島県宮島の厳島神社の横を流れる川を紅葉川と呼ぶが、小さな土砂崩れが起きやすい地形というから、こちらはそれを指しての揉ミ地（崩壊地形）が語源ではないかと思われる。

室見 ［モロ・ミ→ムロミ］

語源は、**脆《モロ》・辺《ミ》**か。原義は室見川川尻の定まらない地形を呼称したのではないか。「明治三十三年測図」を読むと、周辺は自然堤防の痕跡が見られることから、水を被りやすい氾濫原だったのかもしれない。

『字小名取調帳』では早良郡庄村室見《ムロミ》と小字にすぎない。古老はモロミを正称としており、近くの西新小学校校歌でもモロミと歌うよう指導している。

ミは場所を意味する接尾語。平安期にワと転じた（浦ワ、里ワ）。

庄村のショウはシホホが転じた語音で、びしょ濡れの湿地帯を呼ぶ。

飯倉［イヒ・クェ・ラ→イイクラ］

語源は**盛《イヒ》・崩《クエ》・処《ラ》**。原義は高まりの地で崩落した処。西新町の南、脇山街道沿いの集落。旧道は東側丘陵（飯倉原）の稜線を通る。いわゆる辻道。往昔の道は低地を避け高まりの所を歩いた。

唐木［カレ・キ→カラキ］

語源は**涸《カ》レ・処《キ》**。原義は氾濫原の中の湿地が乾いた所。土砂が堆積してできた微高地を人が利用できるようになった自然堤防の地形。処《キ》は場所を意味する接尾語。

・東区和白唐尾《カレノオ》
・旧御笠郡吉木村唐木《カラキ》
・旧早良郡羽根戸村唐木《カラキ》
・旧遠賀郡前田村唐木《カラキ》／小竹村唐木《カラキ》
・旧宗像郡奴山村唐木《カラキ》

野芥［ヌケ（ル）→ノケ］

語源は**抜ケ《ヌ》（ル）**。山が崩壊したり、湖、池などが切れることを〝抜ケル〟と称し、ノケと転じた。原義は地滑りを起こした処。西油山が地滑りを起こし梅林（←埋《ウ》メ逸《ハヤ》シ）と共にこの界隈まで崩落した土砂が流れ下った。

地質図によると、一帯は飯倉へ延びる丘陵と有田、小田部へ延びる台地とに挟まれた谷底平野になっている。『字小名取調帳』の旧野芥村の項に「崩《ク》エソノ」と小字が記載され、また、旧梅林村にも「クエソノ」の小字がある。『和名抄』に「能解郷」、天正年間の書状に「ノケ」の地名が見える。

・北九州市小倉南区貫《ヌキ》
・横浜市野毛山《ノゲ》

重留［シコ(ル)・トメ→シゲドメ］

語源は**凝《シコ》(ル)・止《トメ》**。凝《シコ》ルがシケルと転じたのではないか。シコルは土地が凝り固まった状態をさす。原義は土石流が止まった処。荒平山からの土石流がこの近辺で止どまったのだろう。近くの四箇《シカ》は室見川の氾濫による粗地の意。鎌倉期の文書に「戸栗重富」の地名が見える。

田隈［タク(ル)・マ→タグマ］

語源は**手繰《タク》(ル)・間《マ》**。原義は高みの地が崩壊した処。野芥二丁目界隈の低台地が崩壊してできた低地。

・宗像市田熊《タグマ》（↑高間）

賀茂［カム・マ→カモ］

語源は**噛《カ》ム・間《マ》**。原義は水の流れが烈しくぶつかる処。旧免村の賀茂神社からの転用地名。当神社は往昔、京都賀茂神社からの勧請（京都下賀茂神社は賀茂川と高野川の合流点に位置し、河川氾濫の厄除けを願っての鎮座と思われる）。

この辺りは低湿地のうえ、金屑川が曲尺《かねじゃく》のように折れて流れる地形。したがって多雨になると急流の攻撃面となって溢水しやすい地点となる。水難の厄除けを願っての鎮座だが旧社は現在地よりもやや下流に在ったと聞く。

町名改正により大字格に採り上げられた。地形（地域の歴史）を後世に語り継ぐ機会を残したことになる。東区蒲田（↑噛《カ》ム・間《マ》・処《タ》）と同じ。

小田部［コタ・ヘ／コダ(ル)・ヘ→コタベ］

解釈に二つある。

①**小処《コタ》・辺《ヘ》**（小平地）

②傾《コダ》(ル)・辺《ヘ》(緩傾斜地)
室見川と金屑川とに挟まれた台地で緩く傾斜した地形。西面には粗処《アレタ》(↓有田)があり、室見川の氾濫原。鎌倉期の文書に「小田部」の地名が見られる。

因みに『和名抄』にある「田部郷」はこの地のことだろうか。なお「有田」の地名は室町期の文書に見える。

四箇 [シコ(ル)↓シカ]

海洋が**醜《シコ》ル**と同じ語源で荒地を呼ぶ。『字小名取調帳』では「四ヶ」と表記。「明治三十三年測図」では「四箇」と記載。同図で室見川の自然堤防が読みとれることからも一帯が氾濫原だったことがわかる。小字に警固(↑崩エ《ク》処《コ》)の呼称があるのも証明になろう。室町後期の文書に「四ヶ村」の地名が見られる。

・福岡県大牟田市四ケ《シカ》

貞島 [サダ(マル)・シマ↓サダシマ]

語源は**定《サダ》(マル)・洲《シマ》**。室見川の氾濫を常に被りやすい不安定な状態の土地(低湿地)が開墾可能となったことで好字の貞を当てたと思われる。東区名子(↑和《ナゴ》ム)と同じ原義だろう。

入部 [ユル(ム)・ヘ↓イルベ]

語源は**緩《ユル》(ム)・辺《ヘ》**。原義は荒平山の土石流が起きた近辺。「土地条件図・福岡」で説明しているように、この界隈は往古、土砂崩壊(ユルム)を起こした土石流が谷間いを埋ずめて傾斜地を形づくった堆積地。「明治三十三年測図」では入部村にユルべと訓みがなを振っている。平安末期の文書に大宰府安楽寺領として地名が見える。
入《イ》ルがユル(リ)と転じた呼称にユリカモメ

がある。カモメ類の中では最も奥深くまで川面を飛翔する。

❖石釜・背振山周辺

小笠木［オ・カサ・キ→オカサギ］

語源は**オ・嵩《カサ》・処《キ》**。オは接頭語。地名に接頭語としてオが付いたりそうでなかったりする例がみられるのは、地名に対する感覚からと、語調を整えるためとあるようで、明確な区別はわからない。原義は高くなった処。笠置山《カサギヤマ》と同義。現地は内野、脇山から那珂川町山田へ抜ける峠の取り付き。

石釜［イシ・ガ・マ→イシガマ］

語源は**石《イシ》・ガ・間《マ》**。原義は石ころの目立つ地域。室見川上流、曲渕ダム手前の山間いの小さいながらも川付きの平地。戦国期の書状に「石釜」の地名が見られる。

・旧席田郡金ノ隈村石釜

椎原［シヒ・バ→シイバ］

背振山麓に深く入り込んだ谷間いの地形。『地名用語語源辞典』には次のような説明がある。椎《シヒ》のつく地名は九州では浸食谷、東関東では砂地（自然堤防）の痩地《やせち》に多いようで、椎の木の植生による命名ではあるまい。

・旧夜須郡江川村椎場
・宮崎県東臼杵郡椎葉村

背振（山）［セ・フル→セフリ］

語源は**急《セ》・振《フ》ル**。原義は急傾斜地。尖峰の山。

無理請《じ》いすることを方言でセビルというように、削り取ったような急峻な山容を呼称。『コンサイス日本山名辞典』(三省堂)には〝背振山地の最高峰。花崗岩から成る。山頂は尖頭のようになっていて狭いが展望がよい〟とある。

『福岡市博物館報』二三二号によると、背振《セフリ》山の文献上の初見は『日本三代実録』。早くから山岳宗教の場とされ、平安中期(天歴年間)に性空によって再興。のち、天台宗の修験霊場として栄えた。山頂には水神(弁戈天)と山神(乙護法)を祀る背振神社の上ツ宮が鎮座。筥崎宮の末社、乙子《おとご》様もその名残りか。水神を祀ることは往昔、火山活動による凹没地に雨水が溜り池溏《ちとう》となっていたのではないか。ここはまた、雨請いの祭りをする処でもある。

背振山麓で語られる伝説では、神功皇后の乗馬がこの山で背を振ったから山名になったとい

鋭く尖った山容から呼称された背振山(西区吉武高木遺跡から)

う。修験者が捏《こしら》えた話だろう。

日本に於ける高層気象観測の必要性を説き、明治二十八年（一八九五）、自費で富士山頂に測候所を建設した野中到、千代子夫妻が幼い頃から二人して眺めた背振山が富士山と重なって思いを募《つの》らせていったことだろう。いとこ同士の夫婦苦闘の物語は新田次郎著『芙蓉の人』に詳しく描かれている。

金（山）［カネ→カナ］

語源は曲《カネ》。原義は尾根筋が曲尺《かねじゃく》のように折れ曲がった山。『岩波古語辞典』の説明では、〝直角に曲がった鉄製の物さし〟。引用例文では〝曲尺をば、まがりかねと云うべきを略語にカネというなり〟とある。背振山から尾根伝いに西へ向かうと気象庁のレーダー基地がある。そこから金山までの尾根道は直線に近く、金山で左手に折れて再び北西の三瀬峠へ向かう。この鍵形に折れた地形を呼称したと思われる。

背振山の山岳宗教の先達が修行者に奥駆けルートの地形を教示するために呼称したのだろう。

付
早良街道のうち、野芥二丁目（福銀支店辺り）付近から重留六丁目四番へかけての間は、道路が東（油山）寄りにずれている。この間が野芥の軟弱な湿地帯だったからだと思われる。

◉福岡市西区

【姪ノ浜周辺】
【野方周辺】
【玄界島・小呂ノ島・能古ノ島他】

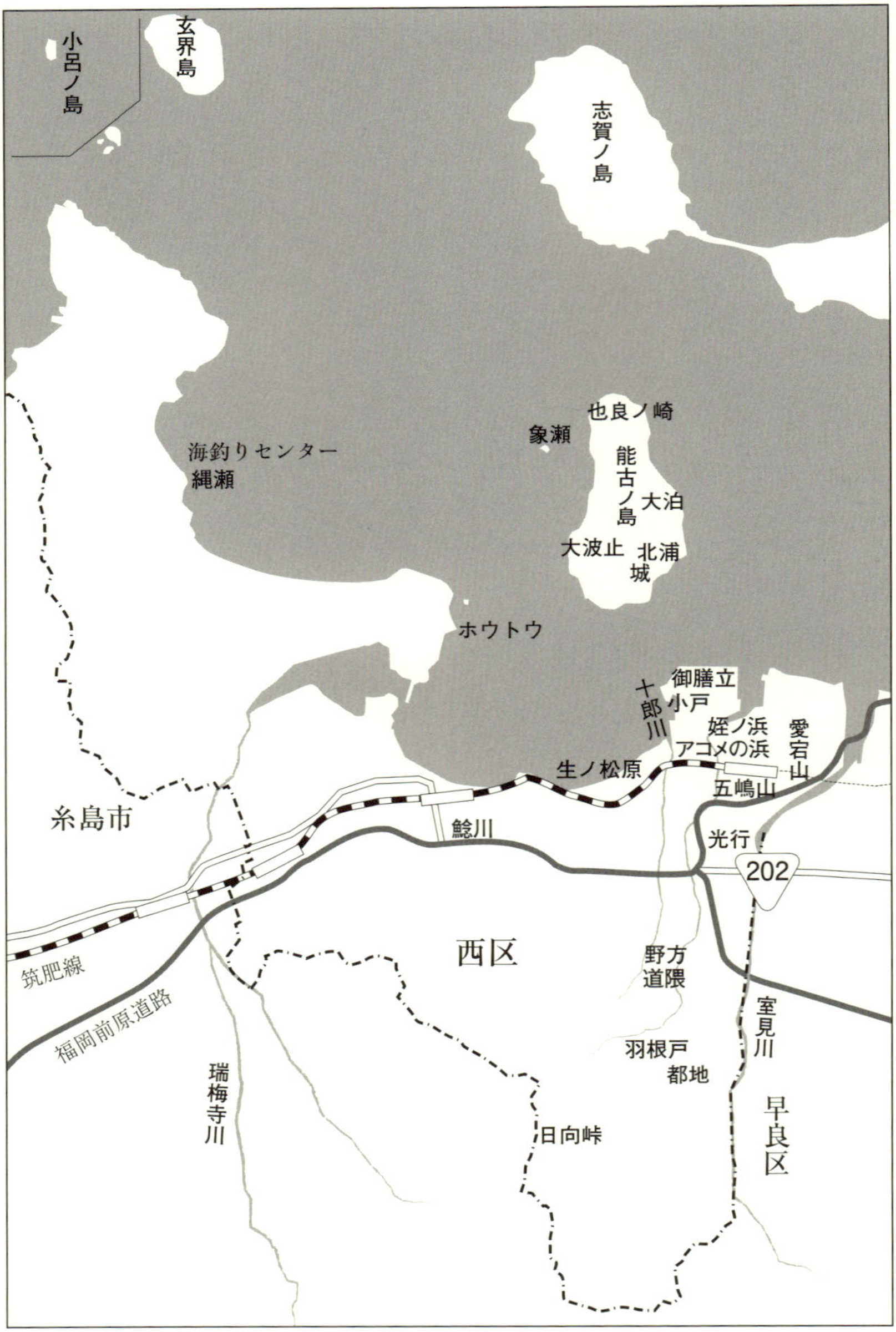

小呂ノ島
玄界島
志賀ノ島
也良ノ崎
象瀬
能古ノ島
大泊
大波止
北浦
城
海釣りセンター
縄瀬
ホウトウ
御膳立
小戸
十郎川
姪ノ浜
アコメの浜
愛宕山
生ノ松原
五嶋山
糸島市
鮗川
光行
202
西区
野方
道隈
筑肥線
福岡前原道路
室見川
羽根戸
都地
瑞梅寺川
日向峠
早良区

姪ノ浜 ［メ↓メーノハマ↓メイノハマ］

語源は目《メ》。ジャガイモの凹んだ所をメと呼ぶように、原義は入江。ほぼ姪ノ浜三丁目界隈を呼称。愛宕山から西へ延びた丘陵先端に在る姪ノ浜中学校の西で砂堆地が二つに岐《わか》れ、その北側の微高地先端部に事代《ことしろ》神社が鎮座。南側のそれは探題塚から住吉神社界隈まで延びている。この二つの砂堆地に挟まれて凹地となった入江を目と呼んだ。中世期、メがメーと長音化した語音に姪を当てたと思われる。対岸は名柄《ナガラ》（←流レ・処《ラ》）川尻の広い湿地帯。

「明治三十三年測図」を読むと、昔からの集落の南に広がる一帯は低湿地で旧姪ノ浜村の小字でもうかがい知ることができる。

野間、堤、水町《マチ》、正津浜《シャウズハマ》、油田《アブラタ》、古川、曽根、屋形町《ヤカタマチ》、川原田《カハラダ》、廻《マハ》り町、内浜、新貝、折敷町《ヲシキマチ》、大垣、高江、蓑町《ミノマチ》、高縄手、小浜

南蛮の宣教師アルメイダは当地をmenofamaとローマ字で記している。弘安七年（一二八四）四月十六日付北条時定勘状（鎌倉末期）に「姪浜」の地名が見える。また、ほぼ同じ頃の書状には「袙浜」の表記がある。

・宮崎県日南市富土小目井《フトコメイ》（海沿いの地）
・宮崎県旧南那珂郡南郷町中村乙目井津《メイツ》
・長崎県旧外海《ソトメ》町

アコメ(の浜) ［アグ・マ↓アコメ］

語源は上《ア》グ・間《マ》。原義は高まりの地。飛魚《アゴ》、下顎骨《アギト》、秋月《アキヅキ》も同じ語源。

「明治三十三年測図」を読むと、名柄川川尻左

岸の丘陵地から西へ元寇防塁を築いた細長い帯状の微高地をアクマと表記している。明治十四年作成の『字小名取調帳』の姪ノ浜村の項には記載がない。永禄八年（一五六五）十月当時、姪ノ浜には多数のキリシタンが居たというから、仏教、キリスト教を問わずアグマが悪魔に通じ敬遠されたのではないか。また、廻国修験者あたりが密教を広めるためにアグマを袙《アコメ》と置き換え神功皇后伝説を付会したとも思われる。『有識故実図鑑』(東京堂出版) 及び『岩波古語辞典』によると、袙は男子束帯の下重着、または童女の下重着を呼ぶ。アコメの語音は間《ア》ヒ込《コ》メの語音の転だとする説もある。

修験者、宣教師を問わず、信奉する宗教を広めるために〝ありがたさ〟を強調する必要から医療、祈祷行為などを併せながら信者を獲得していった。

五嶋（山）［タカ・ト→コート→ゴトウ］

語源は**高**《タカ》**・処**《ト》。原義は古墳の小山。地下鉄姪ノ浜駅南方に在った小山（五嶋山古墳）の跡。今ではサラ地になり公園に変わった。周辺の広い湿地原の中に在って目立った高地。高処《タカト》↓コート↓ゴトウと転化したのだろう。

愛宕（山）［アタ・コ→アタゴ］

語源は**急崖**《アタ》**・処**《コ》。原義は高く険しい所。旧称鷲《ワシ》尾《オ》山。語源は走《ワシ》ル尾《ヲ》で、高低差の少ない平らな尾根が続く地形を呼称。

戦国期の連歌師飯尾宗祇によると〝浦山といひ、汐満つときは山を廻《めぐ》りて嶋の如し〟と記している。神社は二代目福岡藩主黒田忠之によって勧請創建。最高地点《ピーク》に鎮座。総本社は京都嵯峨の愛宕山頂にあり、神社名は山名から転じたと思われる。したがって、全国のアタゴ神社は、周辺で目立つ高地に鎮座する。庶民は鎮火の御利益を願う。

昔、愛宕神社の一月二十四日の祭礼に、馬を飾って参拝させた〝しゃごしゃご馬〟と呼ぶ行事があった。
・東京都港区愛宕山

小戸 [オト→オド]

語源は**小門**《オト》。原義は波食で崩落してできた狭《はざ》間《ま》。小戸神社が鎮座する丘陵と御前立《ゴゼンダチ》の丘陵に挟まれた処を呼称。「福岡市文化財地図」によると両丘陵上には古墳が七基確認されている。

御膳立 [オ・マヘ・タチ→ゴゼンダチ]

語源は**オ・前**《マエ》**・立**《タチ》。原義は小戸神社が鎮座する丘陵の前に立ちはだかるようにしている急崖の地。オは接頭語。立《タチ》は杖立《ツエタテ》のタテと同じ語源で、タツ、タテ、タチなど何《いず》れも急崖、急傾斜面を呼ぶ地名用語。オ前立《マヘタチ》→御前立→ゴゼンダチ→御膳立と転じ神功皇后伝説を付会した。

十郎(川) [シル→ジュルイ→ジュウロウ]

汁《シル》がジュルイに転じた。原義は水をたっぷり含んだ川底の汁《シル》(湿)地《チ》。ずるずると滑りやすい泥地(ジュルイ)の川。語音のジュルイに語音の近い十郎を当てた。

生(ノ松原) [オキ→イキ]

語源は**沖**《オキ》(奥)。原義は山門から見て沖に在る松原。同じ平面にあって遠く離れた方を沖という。沖《オキ》(奥)→息《オキ》→イキ→生と転じた。平安中期の、大宰大弐藤原高遠の歌に「いきのまつばら」と当地名が見える。

光行［ミツ・ヰ・キ→ミツユキ］

語源は**満《ミ》ツ・井《ヰ》・処《キ》**。原義は川水の溢れる処。現在の福重。室見川が氾濫しやすい処。三代目福岡藩主黒田光之の誕生に伴い、それまで呼称していた光行を**福重**に改めた。

「光」「行」の文字を当てる地名は中世期に開墾された地域に多い。「明治三十三年測図」によると、室見川のまん中を通るべき旧壱岐村と旧原村との村境線が福重の神社付近で西寄りとなり陸上を蛇行している。これは室見川の旧河道の跡を示している。「土地条件図・福岡」によれば旧橋本村の神社付近、有田、室住団地、福重団地と、旧河道が蛇行していたことが理解できる。

・福岡県小郡市光行（大刀洗川川付き）

❖野方周辺

野方［ヌ・カタ→ノカタ］

語源は**沼《ヌ》・方《カタ》**。原義は湿地帯。「明治三十三年測図」を読むと野方の集落は十郎川の川付きに位置し東に名柄川が流れている。両川に挟まれているため多雨の時は冠水しやすい処だったのではないか。「土地条件図・福岡」によれば、野方三丁目戸切池《トギレイケ》下から戸切二丁目、壱岐団地へかけて名柄川による低湿地帯としてマークされている。『和名抄』は「額田郷」、室町初期の文書には「野方」の地名が見える。

道隈［タワ(ム)・クマ→トークマ→ドウクマ］

語源は**撓《タワ》(ム)・隈《クマ》**。原義は撓んだような低地が狭く入り込んだ地形。撓隈《タワクマ》→トー隈→道隈と転化したのだろう。現地は野方山王神社の在る高まりの地と対面する北西側の高まりの地との間が低地となって挟まれた地形に見えての呼称と思われる。

・旧早良郡福重村道手《ドテ》／橋本村道手
・旧那珂郡道善村
・愛媛県松山市道後温泉

羽根戸［ハニ・ト→ハネト］

語源は**埴《ハ》土《ニ》・処《ト》**。原義は粘土質の土地。語音に好字を当てた。一帯は古墳群で、これまでにも多くの土器類が発掘されている。往古、土器を作る集団が住んでいたようだ。『続風土記』に次のような記事がある。

> 早良郡飯盛村にて作る所の土器尤《すこぶ》るよし。博多及夜須郡甘木村にも作るといへとも飯盛の製《つくり》には及はず。

室町初期の文書に「羽根津」の地名が見える。

都地［ツキ・ヂ→ツジ］

語源は**突《ツ》キ・地《ヂ》**。原義は突き出した地。吉武高木（処《キ》）遺跡南域の微高地。

日向（峠）［ヒマ・タ→ヒナタ］

語源は**隙《ヒマ》・処《タ》**。ヒナタと転じた語音に佳字を

飯盛山と室見川（昭和58年）

当てた。峠を西から見ると、王丸山から延びた尾根と、北から南下した尾根とが接する地点が斧を打ち込んだように急傾斜の狭隘な隙間のような地形。

鯰(川) [ヌ・マ・ス→ナマズ]

語源は**沼《ヌ》・間《マ》・洲《ス》**。原義は湿泥地。今宿一丁目の南、西九州自動車道下周辺一帯が湿地原であることから呼称されたのだろう。すぐ近くに**青木**（↑沫《アハ》・処《キ》）と呼ぶ湿地原が広がっている。

・飯塚市鯰田

❖玄界島・小呂ノ島・能古ノ島他

玄界(島) [ツク・ウミ／ヒサ(グ)シマ→ゲンカイ]

『続風土記』に〝此島、初は月海島と云へり〟との記述がある。つまり、**突《ツ》ク・海《ウミ》**→月海→ゲッカイ→ゲンカイと転じたのではないか。

この島は博多から見てほぼ北西に位置することから、北は暗い（黒）印象を意味する玄を当て地域を表わす界を連ねたのではないか。また、月海島の呼称以前は久島《ヒサシマ》と呼んだらしい。ならば**拉《ヒサ》グ島《シマ》**が語源で、原義は潰《ツブ》レ島（海食によって崖が崩落した島）とも考えられる。玄界島沖地震では数ヶ所の崩落が見られる。因みに『慶長石高帳』『田圃志』では「久島」、『元禄国絵図』では「玄界島」と表記している。

小呂(ノ島) [オロ(ス)／オロ(ソカ)→オロ]

語源は**下《オ》ロ（ス）**。原義は急傾斜の地形。島の地形は南北に長く東西が狭い。島の中ほどの西端、海岸に近いあたりからは周囲を見上げるような擂鉢状の急斜面を見せる地形。

海上に突き上ったような容から「月海島」とも呼ばれた玄界島
（東区美和台から）

別解として語源を**疎**《オ》**口**（ソカ）とすると、原義は尾根が東側に片寄った歪《いび》つな島と呼称したとも思われる。鎌倉中期（延長四年）の文書に「小呂」の島名が見える。『海東諸国記』では「於路」。

能古（ノ島）［ノゴ（フ）→ノコ］

語源は**拭**《ノゴ》（フ）。原義は地滑りを起こした島。拭うように地表が滑落した島の意味だろう。

天平期に「能護島」と表記した史料（『住吉大社司解』）がある。「土地条件図・福岡」には往古、大規模の地滑り、土砂崩落を起こした形跡を図示している。ひまわりの里付近から海辺の江ノ口、西町の背後まで滑落したようだ。この範囲は後世、鹿垣と俗称されるように、延喜式には牛牧、福岡藩の馬牧に利用した。その他、部分的な崩落が十二ヶ所も起きている。島の南東方からの眺めは、島の最高地点からの崩落した急崖の地形がよく理解できる。ノゴがノコと清音化した語音に能古を当てたにすぎない。

也良(ノ)崎 [イハ・ラ→イヤ・ラ→ヤラ]

語源は**岩《イハ》・処《ラ》**。原義は岩場で荒磯を呼ぶ。ラは場所をさす接尾語。イハ→ヤと転化した語音。『字小名取調帳』には当地名が記載されていない。

防人の歌で有名な所だが、幕末、福岡藩は黒船の博多湾侵入を阻止するため、也良ノ崎と志賀ノ島のお台場との間に桧材を組んだ筏を準備した。また遣唐使船の出入りのために島の北端に日本最初の灯台を設けた。

古代から近世にかけては「也良崎（也良埼）」と表記。「やらのさき」は歌枕になっている。

象瀬 [キサグ→ゾウセ]

語源は**削《キサ》グ**。原義は波食で崩落した瀬。キサグの音《おん》に象を当てた。象のことを古代はキサと称した（『和名抄』）。『奥の細道』で知られる象潟《キサガタ》も同じ語源。キサグ、コサグ、コサギ落トス、コソグルなどの方言も同じ。

・旧御笠郡吉松村象瀬《ゾウセ》
・千葉県木更津（←削《キサ》・処《ラ》）

大波止 [ヲ・ナ・ト→オナト]

語源は**峰《ヲ》・地《ナ》・処《ト》**。原義は高くなった処。ヲナは畝と同じ語源。トはタ、ラと同じで方向、トは土地をいう古語であり場所をさす接尾語。往古は海上に顔を出して畝のように陸地と繋がっていた岩場が波食で崩落し現在のような高瀬（波食台）となった地形を呼称。ヲナトの語音に近い漢字を当てた。
地質図によれば、白鳥崎と同様に細い角閃岩帯の先端部にあたる。

北浦　［クエ・タ・ウラ→キタウラ］

語源は**崩エ**《ク》**・処**《タ》**・末**《ウラ》。語音がクエ→クェ→ケ→キと転じた。「明治三十三年測図」では谷間《あ》いのような地形で、往古、土砂崩落により細く奥深い低地（ウラ）ができたことを呼称したと思われる。北浦といっても海岸線が弧を描くような地形ではないから、ウラの語音に漢字を当てたにすぎないのだろう。

城　［シロム→シロ］

語源は**シロ**（**搾、搆**）**ム**（『地名用語語源辞典』）。原義は布を絞ったように細くなった地形。城ノ東の岬から北浦へ向かうと右手に亀瀬《ガメセ》（←噛ム瀬）が海面に見え、対応するように左手は細長く突き出た岬になった地形。東に向かう稜線が緩やかに傾斜しながら海に没した地形が長垂海岸の展望台から明瞭に望める。現在の北端部は礫岩が露出している。
因みに、亀《カメ》を福岡地方の古老はガメと濁る。アクセントは尾高型。

- 旧鞍手郡本城村城《シロ》
- 旧下座郡柿原村城《シロ》
- 旧甘木市三奈木城《シロ》

大泊　［オ・タマリ→オオトマリ］

語源は**オ・溜**《タマ》**リ**。原義は低凹地。オは接頭語。島のほぼ中央部で谷底平野に分類される地形。

縄瀬［ナマ（ル）・セ↓ノハセ↓ノーゼ］

語源は**隠**《ナマ》**（ル）・瀬**《セ》。原義は浅瀬。小田ノ浜と津舟（↑潰レ）崎との間にある浅瀬。語音がナマセ↓ナハセ↓ノーゼと転じた。縄は単なる当て字にすぎない。波間に見え隠れする瀬を呼称。

押照るや難波の小江《ヲ》に庵《いほ》作り
隠《なま》りて居る葦蟹《あしかに》を

（『万葉集』三八八六）

◉旧糸島郡

【怡土・志摩周辺】
【佐賀県境・二丈海岸周辺】

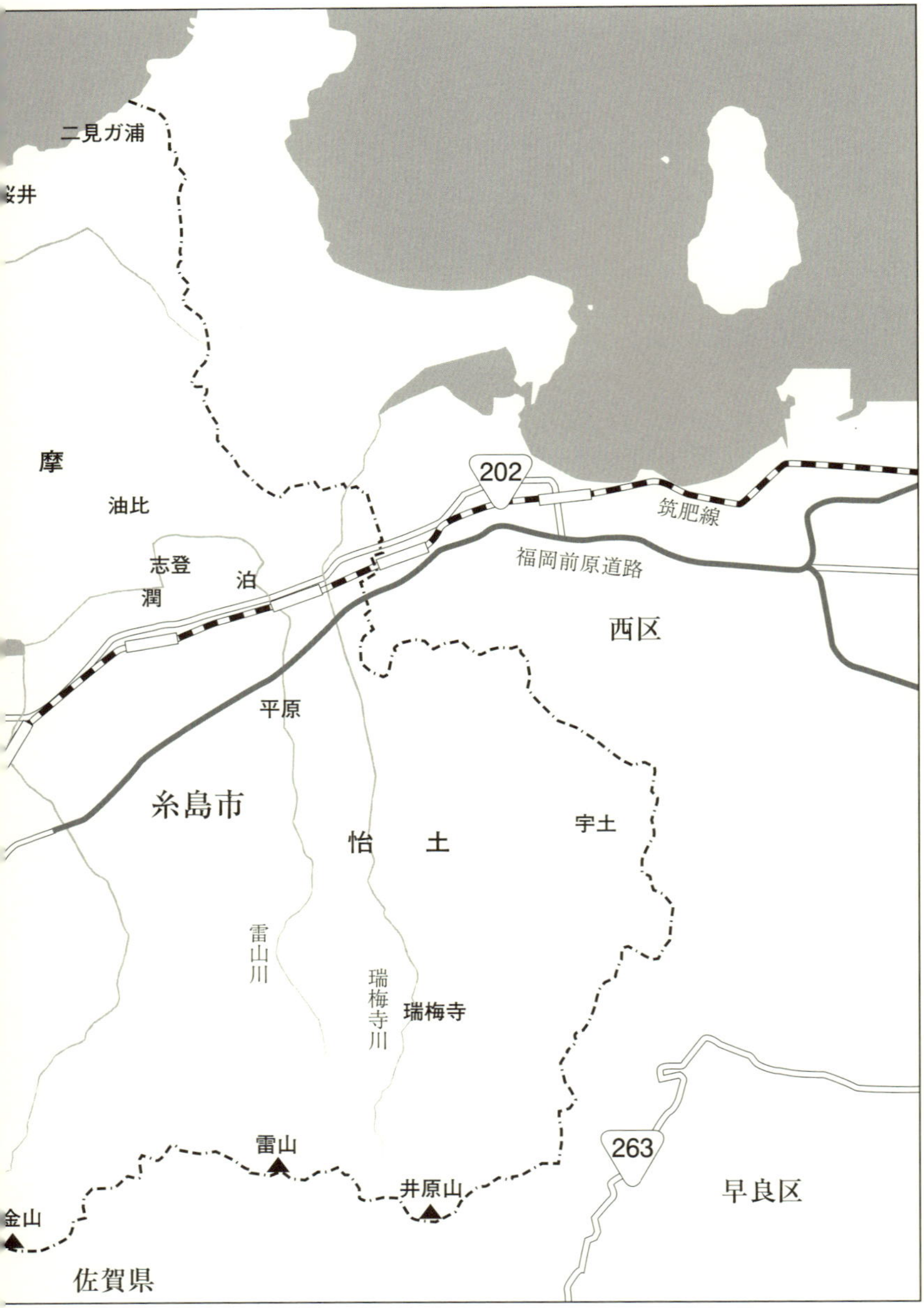

二見ガ浦
桜井
摩
油比
志登
泊
潤
202
筑肥線
福岡前原道路
西区
平原
糸島市
怡土
宇土
雷山川
瑞梅寺川
瑞梅寺
雷山
井原山
金山
263
早良区
佐賀県

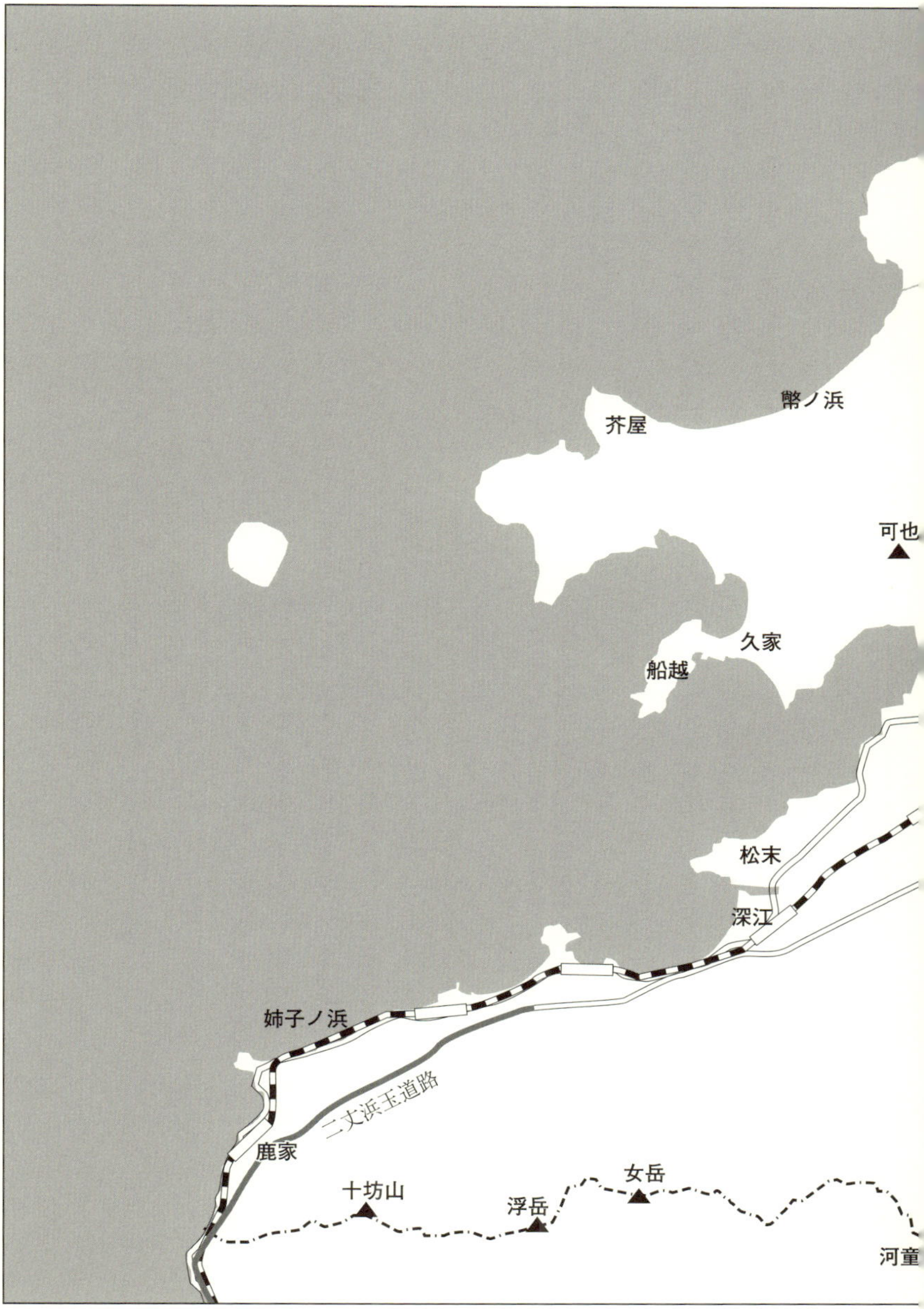

幣ノ浜
芥屋
可也
久家
船越
松末
深江
姉子ノ浜
二丈浜玉道路
鹿家
女岳
十坊山
浮岳
河童

❖怡土・志摩周辺

怡土［イソ／イツ／キダ／ヰ・タ→イト］

イトの地名は『古事記』に「筑紫國之伊斗」とあるが、語源は諸説あって呼称の発祥地が特定できない。

①**磯**《イソ》：原義は磯浜。
②**厳**《イツ》：崖地。
③**刻**《キダ》→イタ：急崖の地。
④**井**《ヰ》・**処**《タ》：水辺の用水場。

因みに怡は〝口を大きく開けてよろこぶ〟意で語音に好字を当てた。

・旧宗像郡怡土郷（『和名抄』）
・旧怡土郡井田村

志摩［シマ］

語源は**島**《シマ》。原義は島のように周囲を水に囲まれた処。旧志摩郡は東を博多湾、北と西を玄界灘、南を怡土郡と境する湿地帯を含む平坦地。この地形のため、郡（志摩国）は島のような印象をもつ。怡土郡の地形が背振山地からの傾斜地であるのに対し、志摩郡は小さいながらも独立した山地が多い。地形としての特徴は山と山との間を抜けると必らずといってもよいくらいに海岸に接する。峠らしい鞍部がないので、まるで板の上に塩をつまんであちこちに置いたような地形。

糸島郡には一字の村名が多い。地名を表記する際、何らかの意識が働いたのだろうか。

・旧怡土郡　武《タケ》、本《ホン》、東《ヒガシ》、冨《トミ》
・旧志摩郡　谷《タニ》、潤《ウルウ》、泊《トマリ》、初《ハツ》

また、小字にも一字の地名が多く、特に旧桜井村が際立っている。
行《ユキ》、雪《ユキ》、立《タテ》、浦《ウラ》、相《アイ》、田《タ》、原《ハラ》、天《テン》、峠《タウゲ》、県《アガタ》、塞《サヤ》、谷《タニ》、柚《ユ》、洞《ホラ》、門《カド》、鬼《オニ》

桜井 [サコ・ラ・ヰ→サクライ]

語源は**狭処**《サコ》**（迫）・処**《ラ》**・井**《ヰ》。サコは地形として山が両側から迫った狭い処。井は水のある処や川を呼ぶ。迫《サコ》の行き止まりを末《ウラ》（浦）と呼ぶ。室町初期の文書に「桜井」の地名が見える。

芥屋 [ケヤ（ケシ）→ケヤ]

語源は**尤**《ケヤ》**（ケシ）**。原義は通常とは異なる様をいう。芥屋の大門が海食によってできた〝崩《ク》エ地〟であることはつとに有名だが、その地形を呼称したのではないか。

可也（山） [カヤ（ブル）→カヤ]

語源は**傾**《カヤ》**（ブル）**。原義は裾を長く引く山。筑紫富士と別称されるように、日向峠から眺めた山容は美しい。
中世の武人、細川幽斎著『九州道の記』では、「可也山《カヤヤマ》」とある。

久家 [クガ]

語源は**陸**《クガ》。語音に好字を当てた。隣りの船越（漁業集落）に対し農業集落として呼称されたのだろう。農と漁が対抗した集落意識は多く、箱崎の陸《オカ》と浜《ハマ》、志賀ノ島内の勝馬（農）と弘、志賀（漁）がそうだ。平安初期の文書に「船越ノ庄」の地名が見える。

・旧遠賀郡香月村舟越／仲間村船越
・旧鞍手郡野面《ノブ》村鮒越《フナコシ》

美しく延びる山裾が特徴の可也山

・築上郡築城町船迫

船越《フナコシ》の呼称は山際にもあるが、その場合の語源は次のように解釈できる。

畝越《ウネコシ》→フネコシ→船越《フナコシ》

油比〔ユビ→ユヒ〕

語源は**指**《ユビ》。原義は掌から突き出ている部分を指《ユビ》と呼ぶように、丘や台地の先端が張り出した地形。ここには由比氏の城趾があり油比神社が鎮座。足下の小川を〝殿川ノ井〟と呼ぶが、棚状の台地の下の流れ、の意味だろう。

・佐賀県呼子《ヨブコ》町

志登〔シト(ル)→シト〕

語源は**湿**《シト》**(ル)**。原義は湿地。雨がシトシト降る、と同じ語源。雷山川沿いの低地。支石墓《ドルメン》の在る辺りは微高地。鎌倉後期の文書に「志登」

の地名が見える。

・旧宗像郡久原村志戸

潤［ウルフ→ウルウ］

語源は**潤《ウル》フ**。目が潤《ウル》ムと同じ語源。原義は水分の多い低湿地。安土桃山期の文書に「潤村」の地名が見える。

・旧夜須郡下潤村

泊［タマル→トマリ］

語源は**溜《タ》マル**。原義は行き止まり。「明治三十三年測図」では、集落は東西を長めの丘陵に挟まれて、北は石ヶ岳から延びてきた高地で塞ぎられている。

幣（ノ浜）［ニキ→ニギ］

語源は**和《ニキ》**。原義は穏やかな水面。ニコニコすると同じ語源。『岩波古語辞典』によれば平安期以後ニギと濁音化。海面が和むことを願っての当て字か。

二見（ガ浦）［フタ・ミ→フタミ］

語源は**磯《フタ》・辺《ミ》**。元祖の伊勢二見ガ浦は磯浜。アタフタするのフタと同じで険しい地形。

平原［ヒラ・ハル→ヒラバル］

語源は**傾《ヒ》斜《ラ》地・開《ハ》墾《ル》**。原義は傾斜地を開墾した処。

故原田大六氏により発掘調査が行われたが、その報告書によると雷山下ろしの風が強いそうだ。写真撮影用に組んだ丸太の楼が吹き倒されたが、現代でもその先のＪＲ筑肥線の電車が脱線するほどの突風が吹く地形。

宇土［ウツ→ウト］

語源は空虚《ウツ》。ウツがウトと転じた。原義は狭い谷間い。糸島平野から日向峠《ヒナタ》へ向かう山間《あ》いの地形を呼称。『地名用語語源辞典』によると、地溝状の狭い谷に命名されていることが多い。

・旧那珂郡麦野村ウト／井尻村ウト
・旧早良郡板屋村ウト／東入部村ウト
・旧御笠郡西小田村宇土／筒井村ウド
・旧糟屋郡蒲田村宇土／阿恵村宇土／下ノ府村卯戸

熊本県小国町下ノ城宇土谷《ウトダニ》は見事な谷間い。宇土谷川を跨ぐ鉄骨アーチ造りの新宇土谷橋に立つと、川の上流から下流へかけて見下ろすことができる。川面まで三〇メートルはあろうか。上流の旧宇土谷橋付近には幅一〇〇メートル、奥行き五〇〇メートルの崖地の谷間いがある。

瑞梅寺［ツキ・ハヒ→ズイバイジ］

語源は坏《ツキ》・延ヒ《ハ》。原義は山腹の緩傾斜地。坏《ツキ》は高い処。延ヒ《ハ》は高山植物のハイマツと同じで延び拡がった地形を呼ぶ。寺院開基の僧がツキハヒの語音に佳字、好字の梅を当てたと思われる。寺号は古代ほど開山に寄与した人物の名や、土地の呼称を名乗る例が多い（『太宰府の歴史3』小田富士夫）。

❖佐賀県境・二丈海岸周辺

井原（山）［イハ・ラ→イハラ］

語源は岩《イハ》・処《ラ》。原義は岩場。頂上付近が岩場の目立つ地形。

矢部、八女は岩辺《イハヘ》→ヤヘ、ヤメ。

東区美和台から雷山を望む

耶馬渓は頼山陽の命名と地元ではいうが、岩場を踏まえてのことだろう（イハバ→ヤバ）。

雷（山）［イカツイ・チ→イカヅチ→ライ］

語源は**厳《イカツ》イ・地《チ》**。原義は急峻な地形。イカツイ・チ→イカツチ→雷→ライと転じた呼称。『続風土記』に次のような記事がある。

　其高き所をソソキと云。其絶頂は魔所なりとて俗人往来せす。村中《むらなか》にある中宮《なかつみや》より絶頂まで一里許あり

また『コンサイス日本山名辞典』は次のように解説している。

　そそぎ山。高九五五メートル。変成岩と花崗岩から成る。背振山地の中央に位置し、北の糸島平野側に見事な断層崖で臨む

ソソキは、ソソカシイとかソソクサなどと同じで通常に比べてセカセカした様子をいう。つ

まり急ぐ行動をさす語で地形の急な様を呼称する用語（ソソケ立ツ山、の意）。

・旧御笠郡下大利村雷《イカツチ》
・旧鞍手郡本城村雷《イカツ》チ
・旧嘉麻郡才田村雷《イカツチ》
・旧穂波郡土師村雷《イカツチ》／椋木村雷《イカツチ》

これらのイカツチは平地で、崩落した土砂で埋《イ》カルこと。

『江漢西遊日記』に次のような記事がある。

天明九年（一七八八）一月十一日。……前原より駕籠にのり漸く日暮、今宿唐津屋利吉方へ泊る……是まで来る路、雷ち山雪降り谷まだら、上に滝ありとぞ

因みに『地理全誌』ではイカヅチヤマ村と呼んだ。

羽金(山)［ハ・カ・ネ→ハガネ］

語源は**端《ハ》・カ・嶺《ネ》**。原義は尾根筋に対し遮るように山頂付近が向きを変えているさま。

海抜九〇〇メートルの山頂に高二〇〇メートルのアンテナが立っている。平成十三年十月一日から長波による標準電波（ＪＪＹ）の送信を開始。自動修正装置付の電波時計が使えるようになった（旧船舶用ラジオ・ビーコン基地）。

鹿家［ス・カ→スカ・カ→シカカ］

語源は**洲《ス》・処《カ》→洲処《スカ》・処《カ》**。原義は砂洲のある処。シカカと転じた語音に好字を当てた。原義が忘れられ再度同義の処《カ》を付加。室町末期の文書に「鹿家」の地名が見える。

姉子(ノ浜)［ハナ・コ→アネコ］

筑肥線鹿家駅。福岡県極西の駅（平成17年撮影）

語源は**端**《ハナ》**・処**《コ》。玄界灘へ突き出した陸地の東側の海岸。卓越風と湾岸流によってできた砂浜。石英質を多く含んでいるのか踏みしめると音をたてるので〝鳴き砂〟の浜と呼ぶ。

河童(山)【カタ・ハ→カッパ】

語源は**片**《カタ》**（肩）・端**《ハ》。隣りの羽金山の肩に当たる処に位置するからか。または近辺の尾根の様子から河童山が羽金山へ片寄った地形に見えるので呼称したのか。

十坊(山)【トノ・ホ→トンボ】

語源は**鋭**《ト》**ノ・峰**《ホ》。隣接する浮岳に比べると山頂付近が尖った山容を呼称。十坊の文字は山岳宗教の修験者（山伏）が当てたのだろう。

　また、浮岳に白山大権現社が開かれ、修験道場化して十坊を有したことから命名されたとも考えられる。

浮(岳)【ウク→ウキ】

修験道場の背振山から西へ向かうルートを辿ると、周囲に競うような高山が無いので空に浮いたように見えることから呼称命名されたのではないか。地図上、真東に牛頭《ウシクビ》(頚)山、英彦山が列《なら》ぶ。

女(岳)【メ】

語源は**女**《メ》。浮岳と併せ見ると山容が小さく、なだらかで女性的であることから女《メ》と呼称したのではないか。

英彦山、宝満山、背振山は山岳宗教の道場であるため周辺の山地は山伏たちの修行の場、奥駆けのルート、布教の足場であったと思われる。したがって、指導者である先達は修行者のためにルートの地形、山岳名を宗教色で呼称し、それがのちに固有の地名となったのではないか。

深江【フケ・ネ→フカエ】

語源は**沮**《フケ》**・根**《ネ》。原義は湿地。『延喜式』では深江をフケネと訓じている。ネは土地のこと。水気を多く含んだ湿地を呼ぶ。芋をフカスと同じ語源。一貴山川を始め小河川が幾条も流れ入る低平地が広々と拡がる。鎮懐石八幡宮辺りから延びる砂堆地に遮られてできた潟湖《せきこ》の名残りではないか。怡土(←井処)の地名の発祥地か。

・旧那珂郡五ヶ山村フケ
・旧宗像郡下西郷村福間
・旧遠賀郡猪熊《イノクマ》村深江《フカエ》
・旧嘉麻郡仁保村フケダ/下山田村マエノフケ

松末 ［マチ・スエ／マス・へ→マスエ］

マチは松樹のうろこのように小さな流れが河道を定めることなく流れ拡がる地形を呼称したもので、**スエ**はその湿泥地の辺地をさす語。マチの意味を表記する適当な漢字がないので、語音に近い佳字を当てた。

別解として、語源は**真**《マ》**砂**《ス》・**辺**《へ》。原義は砂地の辺り。

◉旧宗像郡

【宗像市】
【福津市】

さつき松原
垂見峠
495
岡垣町
孔大寺山
椰野
大王寺
多礼
平等寺
宗像市
鞍手町
赤間
陵厳寺
田久
田熊
朝町
大穂
宮若市
九州自動車道
山陽新幹線
古賀市

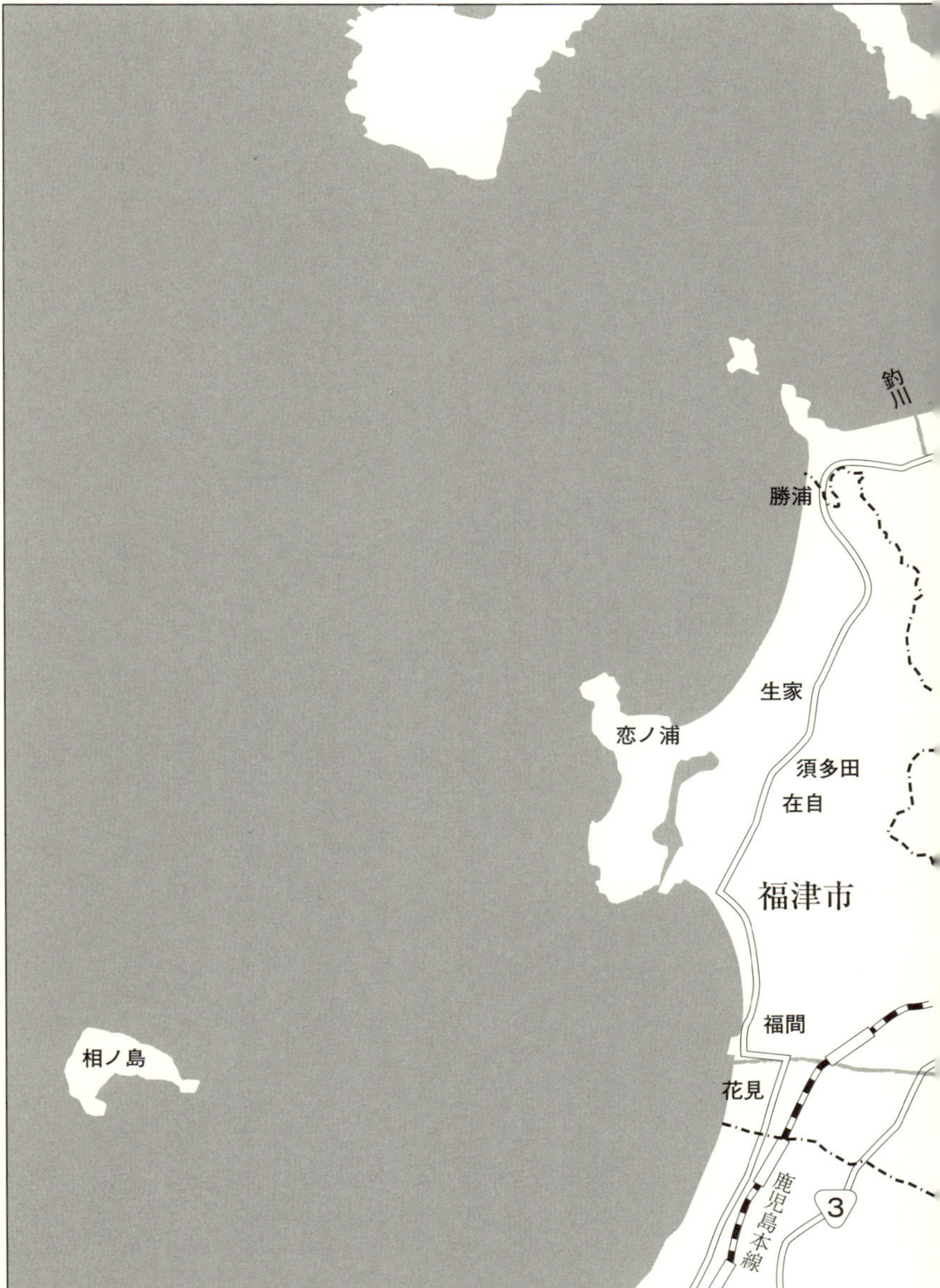
釣川
勝浦
生家
恋ノ浦
須多田
在自
福津市
福間
相ノ島
花見
3
鹿児島本線

宗像 ［ウネ・カタ→ムネカタ→ムナカタ］

語源は**畝**《ウネ》**・方**《カタ》。原義は低い里山が目立つ処。ウネカタ→ムネカタ→ムナカタと転じた語音。

釣川を遡ると江口、牟田尻、浜久保、砂山、深田と海水が入り込んでいたと思われる地名が連なる。釣川は里山を縫うようにして流れている。里山の散らばる外側を郡境の高い尾根が取囲む、分水嶺の尾根があっても〝高い〟とは感じられない。やはり、畝方であって〝山方《やまかた》〟ではないのだろう。大和期末の文書に「胸形」と見える地名。以後、表記が「宗形」(『続日本紀』)、「宗像」(平安期)とかわった。

その経緯をみると、大社が仏教との関わりをもつようになってからではないかと思われる。像が人の姿、形を意味することや、文字面が形よりも良いことなどから用いられるようになったのではないだろうか。

孔大寺(山) ［クタ(ツ)・ヂ→コダイジ］

語源は**降**《クタ》（ツ）・**地**《ヂ》。原義は山裾の緩傾斜地。

山腹の小平地に孔大寺神社が鎮座。山崩れの厄を恐れての祭祀だろう。周辺には○○寺と寺の付く地名が目立つ。修験ルートとして英彦山―宝満山―孔大寺山が開かれ修験者（山伏）との関わりがあったからだろう。

この山のほぼ真南に宝満山が見え、その線上に砥石、三郡が坐する。また、ほぼ北の方位、波津の浜近くに妙見神社が鎮座。妙見は北辰菩薩とも称されるように、北極星、北斗七星を神格化している。密教では〝北〟の方位は重視されている。
苦諦《クタイ》は仏教の四諦（真理）の一つで、山名は山頂に大孔があることから孔大とし、クタイの語音に苦諦を重ねてそれを転用したと思われる。

垂見（峠）［タルム→タルミ］

語源は**弛《タル》ム**。原義は山岳の稜線が下がった処。遠賀郡との郡境をしきる湯川山と孔大寺山の両者からの稜線が弛んだように下がって鞍部となった峠。
奈良と大宰府の間を往き来した万葉人、大宰府落ちした平家一門、足利尊氏などもこの峠を越えたと思われる。

梛野［ナグ→ナギノ］

語源は**薙《ナ》グ**。原義は横に払うことで、山が崩落して緩傾斜地となった地形。

日本神話の〝草薙ぎの剣〟〝薙刀〟など横に払う意がある。ミズナギドリは海面低く波頭を薙ぐように飛ぶことから呼称された。また、ハシボソミズナギドリはオーストラリアの南、タスマニア島からオホーツク、ベーリングの海へ渡る鳥だが、彼らは波が作る僅かの上昇気流を利用する省エネ飛翔だと

湯川山（左）と孔大寺山の間の鞍部が垂見峠

いう。

大王寺［ダイ・ヲ→ダイオウジ］

語源は台《ダイ》・尾《ヲ》。原義は緩傾斜地。孔大寺山が崩壊し棚野と共に緩傾斜地を形成したのだろう。語頭に濁音がくるのは仏教、漢字が渡来してからの現象。

平等寺［ヒラ・ラ→ビョウドウジ］

語源は平《ヒラ》・処《ラ》。原義は緩傾斜地。山間いの平らな地形を呼称。西鉄バス停須賀浦から平等寺の集落へ向かって歩くと左手に神社が鎮座。そこから山裾に広がる平地が見える。須賀浦（↑洲《ス》・処《カ》・末《ウラ》）は湿地の奥まった処をいう。ウラは後退した地形を呼ぶ。山間のウラであっても語音の近い浦を当てる。建武初期の文書に「平等寺」の地名が見える。

・旧御笠郡平等寺村
・旧穂波郡大分村平等寺
・旧鞍手郡新北村平等寺

多礼［タル→タレ］

語源は垂《タ》ル。原義は崩落した地形。上多礼一帯は背後の山から釣川へ向かって崩落した処だろう。

釣(川)［ツル→ツリ］

語源は曲《ツル》。原義は曲がりくねった川。津留、鶴などと同じで九州に多い用語。宮崎市鶴ノ島は大淀川の曲流点で対岸は跡江と呼ぶ氾濫原。釣川沿いにはツルと呼ぶ小字が多い。

・旧徳重村　釣
・旧稲元村　釣川、釣、前釣、中釣
・旧河東《カトウ》村　大西釣、田島釣、前釣、東郷釣

・旧津丸村　釣
・旧村山田村　釣
・旧大井村　釣、中釣、下釣、釣田《ツルタ》、上釣
・旧多礼村　高釣
・旧田野村　釣山、岩釣

福島県会津若松市の鶴ヶ城は湯川の曲流点に位置し、久留米市篠山《ササヤマ》城は筑後川が包ム《クル》（→久《ク》留米《ルメ》）ように城の在る小高地（小《ササ》イな山）を迂回、曲流している処に立地している。

英国ロンドン郊外のウィンザー城はテムズ川の曲流点に位置し、ワインド(曲)とショア(岸)の合成した呼称だという説がある。

赤間【アカ・マ→アカマ】

語源は**垢**《アカ》・**間**《マ》。原義は釣川沿いの湿地帯（氾濫原）をさす。中世期は赤馬、慶長期に入って赤間と表記されるようになった。

身体の汚れを垢というように、湿地帯に滞留する浮遊物を、水の閼伽《アカ》（水）ともどもアカと称し、湿地を意味する用語となったのだろう。因みに、田川郡**赤村**もここの地形に似ている。山寄りで今川が蛇行し川沿いの平地が続く。

陵厳寺【タツ・カ→リウゲ→リョウゲンジ】

語源は**立**《タ》**ツ・処**《カ》。原義は釣川に面した急傾斜地。立《タ》ツ処《カ》→リウゲと転じ厳しい印象の漢字を当て音訓みした。川付きから眺めると城山が立ち上がったように見える印象を呼称した。

・旧席田郡立花寺《リウゲジ》村
・旧糟屋郡下和白村　竜化《リュウゲ》

田久【タク(マシ)→タク】

語源は**逞**《タク》（**マシ**）。原義は高台。JR赤間駅に近く、釣川に面した高台の地を呼称。

城山〜陵厳寺〜旧赤間宿

・福岡県糸島市多久
・佐賀県多久市
・長崎県北高来《タカキ》郡／南高来郡

田熊［タカ・マ→タクマ］

語源は高《タカ》・間《マ》。原義は高台。東郷駅北側の高台を呼ぶ。福岡市早良区田隈《タグマ》は逆に、微高地が川食で崩壊して低地になった地形を呼称。

朝町［アソ・マチ→アサマチ］

語源は**土砂崩壊地《アソ》・湿地《マチ》**。原義は崩落した地域が湿地になった処。マチは水の流れが松樹の鱗状になった湿地。マチの意味を表記する適当な漢字がないため、語音に近い漢字を当てた。

中世期、土地の広さを表す単位として〝セマチ〟があったが、古書でもかなで表記している。したがって、松・町などを当てたと思われる。

鎌倉初期の文書に「朝町」の地名が見える。
アサは阿蘇《アソ》山、浅間《アサマ》山と同じ語源。

大穂［ウブ→オブ→オーブ→オオブ］

語源は**熟《ウ》ブ**→オブ→オーブと転じた。原義は岸が緩んだ地形。オブが長音化（中世期）し好字の大穂を当てた。鎌倉末期の文書に「大穂」の地名が見える。

・旧糟屋郡箱崎村大穂作《オボツクリ》（綿打川辺の湿地）

さつき（松原）［サ・ス・キ→サツキ］

語源は**狭《サ》・砂《ス》・処《キ》**。キは場所を意味する接尾語。原義は砂堆地。サスキ→サツキに転じた。語音の響きの良さと若さ、成長期を思わせる五月に拠ったと思われる。対岸が牟田尻と呼ばれることからも、この川尻一帯が湿地と砂洲だったことをうかがわせる。

❖福津市

恋ノ浦［コ・ヒジ・ウラ→コイノウラ］

語源は**コ・泥地《ヒジ》・末《ウラ》**。コは接頭語。ウラは地形が深く入り込んだ処を呼称。陸《オカ》も浜《ハマ》も関わりはない。渡《ワタリ》集落の北側の入江から恋の浦海岸へ入り込んだ低地が湿地帯だったことを呼称したのであって、玄界灘側の海辺をさしたのではないと思われる。

・旧糟屋郡箱崎村恋町《コヒマチ》
・旧夜須郡東小田村恋《コヒ》

勝浦［カタ・ラ→カツラ→カツウラ］

語源は**潟《カタ》・処《ラ》**。原義は潟湖《ラグーン》。カタラ→カツラ→勝浦→カツウラと転じた。『字小名取調帳』では明治初期までカツラと呼称していた。因みに松浦《マツラ》がマツウラと転じたのと同じ現象で、当てた漢字の音にならって読むようになった地名。似た現象は他にもまだある。多々良村マッサキ↓松崎↓マツザキと転じたのも同じ。

旧勝浦《カツラ》村には浜のつく小字が多い。

古浜、浜田、浜分、奴山浜、壱作《イッサク》浜、五軒浜、西浜、原《ハル》浜、東浜、北浜、博多《ハカタ》浜、下西浜、六軒浜、梅津《ムメヅ》浜、松原浜、沖浜

高知市桂浜もここと似た地形で、浦戸湾と呼ぶ潟湖《せきこ》が見られる。

生家［ウク↓ユクエ］

語源は**浮《ウ》ク・辺《ヘ》**。原義は湿地。湿原に水草や水垢などが漂う様をウキシマという。地盤がおちつかない状態をウクと呼ぶ。『字小名取調帳』には旧勝浦《カツラ》村の小字に、「生家下《イクエシタ》」、「生家渡《イクエワタリ》」を記載している。

須多田［スタ(ル)・タ↓スダタ］

語源は**廃《スタ》(ル)・処《タ》**。原義は土地が崩壊した状態の処。何もかも駄目な状態を方言で、スッタリというのと同じ語源。

在自［アラシ↓アラジ］

語源は**荒《ア》ラシ**。原義は在自山《アラジヤマ》の崩落した処。崩落した土砂が緩傾斜地を形成したのではないか。

旧津屋崎町教委編の『町史』によると、勝浦乗越《ノリコシ》古墳の盛土には断層が見られ、宗像地方で大地震があったと推定している。在自山は地震に伴う地形の変型を呼称したか、或るいは地域の古墳造成の土取作業により土砂崩れが起きたことを暗示したのかも知れない。

福間 ［フケ・マ→フクマ］

語源は**沮**《フケ》**・間**《マ》。原義は水を含んで潤《フヤ》ケタ処。フケの語音に佳字を当てた。中世期の文書に、「福満」の地名が見える。間《マ》は場所の意。

・旧御笠郡大佐野村布毛《フケ》
・旧那珂郡五ヶ山村フケ
・旧怡土郡深江《フケエ》（『和名抄』）
・旧嘉麻郡下山田村マエノフケ／仁保村フケダ

◉旧糟屋郡

【古賀市】
【新宮町】
【久山町・篠栗町】
【粕屋町・須恵町】
【宇美町・志免町】

福津市
九州自動車道
花見
3
花鶴川
古賀市
莚内
米多比
鹿部
府
谷山
的野
寺浦
佐屋
夜臼
三代
山陽新幹線
宮若市
新宮町
平山
猫峠
久山町
東区
牛見ケ原
黒尾山
香山
香椎線
久原
篠栗町
谷蟹
江辻
大隈
伊賀
門松
日ノ浦
柚子
粕屋町
大間池
乙犬山
阿恵
敷縄池
米ノ山
長者原
駕与丁池
御手洗
仲原
若杉山
別府
酒殿
ショーケ越え
南里
本合
博多区
旅石
須恵町
篠栗線
志免町
砥石山
田富
吉原
飯塚市
早見
井野
宇美町
唐山
(井野山)
難所ヶ滝

相ノ島
海の中道線
都市高速
福岡市営地下鉄
202
西鉄大牟田線

糟屋【カス・ヤ→カスヤ】

語源は糟《カス》・湿地《ヤ》。原義は生乾《ナマカワ》きの湿地か。糟《カス》は水持ちのよくない砂地。歴史を踏まえながら該当しそうな地形を探すと鹿部《シシブ》・香椎《カシヒ》・宇美《ウミ》あたりか。当地名は『日本書紀』『万葉集』に見える。『伊呂波字類抄』では「香栖屋郡」の地名が見える。

❖古賀市

古賀【コガ(ス)→コガ】

語源は**欠《コ》ガ(ス)**。原義は砂丘が花鶴川によって削られ崩落した所。コガの語音に佳字の古賀を当てた。

花見【ハナ・ミ→ハナミ】

語源は**先《ハナ》・辺《ミ》**。原義は砂丘地の先端部。

・旧糟屋郡久保村花見

米多比【ネ・タ・ヒ→ネタビ】

語源は**地《ネ》・処《タ》・樋《ヒ》**。原義は水無川（地肌が露出した川）。ネは大根《オオネ》川（今はダイコン川と呼ぶ）、尾根、山根のネと同じで大地の意味。樋《ヒ》は川。後に好字を当てた。

「明治三十三年測図」を読むと、小野、清滝から流れ下る川は薦野《コモノ》を過ぎて見えなくなり（伏流水）熊鶴《クマヅル》（←隈《クマ》・曲《ツル》）で再び河道を形づくっている。大根《オオネ》川は米多比では明瞭な河道がない。砂地と草地が混在した土手のない川原の状態が読みとれる。山伏の布教活動に伴い伝説が創作され小野《ヲノ》→ヲネ→大根《オオネ》→ダイコンと転じたのだろう。

　川が途中で消える地形が、旅僧や弘法大師と大根をとりまぜた民話となるケースは全国にある。いずれも信者に教義のありがたさを示そうとして、大根がとれる頃に川水が消失する自然現象と結びつけた廻国修験者（山伏）による創作布教だろう。似た話は次に挙げる地方にもみられる。
・岩手県上閉伊郡、滋賀県蒲生郡、宮崎県児湯郡、鹿児島県出水郡、福岡県朝倉郡
（『神話伝説辞典』）

谷山［タナ・ヤマ→タニヤマ］

　語源は**棚**《タナ》**・山**《ヤマ》。原義は棚状の台地。段丘状の高まりの地を呼称。

莚内［ムシル・フチ→ムシロウチ］

　語源は**毟**《ムシ》**ル・縁**《フチ》。原義は大根川によって侵食崩壊した川付きの地。周辺の久保《クボ》、ヒントー、庄《ショウ》、町川原《マチガハラ》と呼ぶ地名が示すように、一帯は大根川の氾濫原（湿地帯）だったと思われる。
　近くの青柳マチは谷山川の氾濫原（湿地《マチ》）をいう。元来、マチは松樹の幹の鱗のような姿を見せる、川水の退いた後の湿地を呼んだもので、行政地名ではない。福岡藩の行政的な「町」は博多、福岡の二ヶ所のみで、それぞれに町奉行所を設置したことがある。

的野［マ・ト・ノ→マトノ］

　語源は**狭間**《マ》**・処**《ト》**・野**《ノ》。原義は山間いに入り込んだ狭い平地。狭間になった平地が東西に延びる。集落は奥まった南向きの室《むろ》のような地形に

在る。因みに、マトがマテの転であれば潤《マテ》で湿地をさす。

佐賀県神埼市的はイクハ（湿端《ウキハ》の転）と訓《よ》み、仁比山の裾地で湿地をさす。この場合、的の字を当てた理由は不明。

寺浦［タラ・ウラ→テラウラ］

語源は緩《タラ》・末《ウラ》。原義は緩傾斜地が山間いに入り込んだ処。タラ→テラと転じた語音で、ウラは山間いに入り込んだ地形。寺は、タラの当て字。

・旧糟屋郡箱崎村小寺／勝馬村寺浦
・旧遠賀郡頓田村小寺／吉木村小寺
・長崎県五島市寺島

佐屋［サヤ］

語源は莢《サヤ》（鞘）。原義は細長い山間いの地形。寺浦から佐屋の集落までは谷間いの地形で、九州自動車道も狭い地形に沿って緩く蛇行する。

・旧糟屋郡乙犬《オトイヌ》村佐屋ノ元／久保村佐屋
・旧嘉麻郡佐与村／上山田村サヤ／才田村佐屋／綱分村サヤ
・旧鞍手郡室木村サヤノ谷／上境村サヤノ原《ハル》

花鶴（川）［クエ・ハ・ツル→クヮツル→カヅル］

語源は崩《ク》エ・端《ハ》・曲《ツル》。原義は崩《く》え地の傍を曲流する川。クェハツル→クヮツルと転じた語音に佳字の花鶴《クヮツル》を当てたにすぎない。川は大きくS字カーブを描いて砂丘を欠《コ》ガ（→古賀）し玄界灘へ向かう。

・旧嘉穂郡上西郷村過鶴《クヮツル》

鹿部［シシ（カム）・フ→シシブ］

語源は縮《シシ》（カム）（チヂカム）・節《フ》。原義は波打った鹿部山頂。シシは好字の鹿を当てた。銅鐸の表面に描刻された狩りの絵は鹿や猪。古代人にとって鹿肉、鹿皮は生活の必需品だった。

鹿部山から発掘された青銅製の経筒に〝父父夫峰〟と陰刻された文字はチチフと読める。つまり、縮節《チチフ》のことで鹿部山の三つの小さな峰のつくる山容が波を打ったように見えることから。節《フ》は竹の節のように高まりをさす音《おん》。埼玉県秩《チチ》父《ブ》山地は大形の山波を見せ、西武電車の駅は鋸の歯のような尾根に囲まれた中に在る。

鹿部山の東、庄《ショウ》、町川原《マチカハラ》は湿地の広がる地形を呼んだもの。このあたりから鹿部山を眺めると、その特異な山容が目につく。山岳宗教布教の場として修験者（山伏）のあとがあるのではないか。

因みに貝類のシジミガイは〝縮んだ貝〟、つまり小さな貝の意味で語源は同じ。

❖新宮町

府 [フ]

語源は**節《フ》**。原義は高まりの地。上ノ府、下ノ府のどちらも高まりの地。上ノ府は岳ノ越山から延びてきた丘陵の末端であり、その裾を掘削してJR線が走る。下ノ府は砂丘。室町末戦国期の書状に「上下府」の地名が見える。

・千葉県富津《フッツ》市

夜臼 [ユス(ル)→ユウス]

語源は**揺《ユ》ス（ル）**。原義は崩壊地。揺《ユ》ス→ユウスと転じ語音の近い漢字を当てた。

・旧糟屋郡柚須《ユス》村柚子《ユス》／名子村勇子《ユウス》
・旧早良郡有田村ユウス

三代 ［ミ・シル→ミシロ］

語源は**水《ミ》・汁《シル》地**。原義は湿地。湿泥地が山際まで入り込んだ地形。夜臼から三代へかけて湿泥地が入り込んでいたようだ。

新宮町の小字に浦（←末《ウラ》）と呼ぶ地名が多いのも、出入りの烈しい地形（山裾）を表わしている。ウラは海岸、山裾の区別なく曲《ワ》を描いた地形をさし、同じ語音の漢字の浦を当てただけ。

・旧三代村　花浦、深浦、今浦、ヲシカ浦

・旧上ノ府村　杭《クイ》ヶ浦、梅《ムメ》ヶ浦、柳ヶ浦、花ノ浦、長浦、二田《フタ》浦、荒木ヶ浦、土居ノ浦、木ノ浦、三十ヶ浦、北浦

・旧立花口村　砥石ヶ浦、曽根ヶ浦、船ヶ浦、阿弥陀ヶ浦、鎌浦、東ヶ浦

・旧的野村　山浦、北浦、大浦、池ノ浦

なお、杭《クイ》は崩《ク》エ、梅《ムメ》は埋《ウ》メ、曽根は粗地《ソネ》からの転。

三代《みしろ》の太閤水《ミズ》の近くに杉山峠と呼ぶ鞍部がある。坏山《ツキヤマ》の転で高低差は二〇メートルあろうか。ダラダラ坂だから今どきの車なら平地なみの加速で気づかないうちに越してしまう。しかし、戦時中の木炭バスはこの坂でエンコすることがあった。

平（山） ［ヘラ→ヒラ］

語源は**傾斜地《ヘラ》**。原義は急な傾斜地。立花山の山裾。『地名用語語源辞典』によれば、ヒラは古語のヘラ（坂の意）が転じた語。反対に低平地を指す地名用語はタヒラ。

相（ノ島） ［アエ（ス）→アイ］

語源は**崩壊《アエ》（ス）**。原義は波食された岩礁の

島。アエ↓アイと転じたと思われる。近くの志賀ノ島も周辺を岩礁で囲まれているが島北部に洲処《スカ》（↓志賀）がある。相ノ島はそれがなく岩礁と急崖が目立つのが特徴だろう。

❖久山町・篠栗町

久原 ［クエ・ハラ↓クバラ］

語源は**崩《ク》エ・原《ハラ》**。原義は低台地の先端部が久原、新建の両川で削られ崩壊してできた地形。『和名抄』に見える地名。

江戸時代に入って世情がおちつくと全国的にお伊勢詣りが盛んになる。福岡地方ではそれを模して山田猪野大神宮に詣でる〝猪野詣り〟が流行した。猪野詣りの謡があり、棟上げの宴席で大工の棟梁が祝い歌として戦前まで歌っていた。

犬鳴峠の登り口に白山宮《スラサン》が鎮座（山ノ神）し付近に首羅《スラ》橋が架かる。スラは素《シラ》ムの転じた語音で〝勢いが衰えた〟意があり、山の斜面や緩い傾斜地をさす。「都市圏活断層図・太宰府」によると、ここは往古の大きな土砂崩壊でできた緩傾斜地。スラに白の漢字を当てて白山信仰（北陸白山三所権現が拠点）の道場の地としたのだろう（現在、久山町教委の手で発掘調査中）。したがって犬鳴峠、犬鳴山のイヌもまた修験道との関わりが否定できない。犬は狼↓大神につながる。

東区馬出白山《シロヤマ》町（馬出五丁目）には白山《ハクサン》大権現社が鎮座している。ここは箱崎三山の一つ、道具山《ドーグヤマ》（床《トコ》↓トク↓ドーグ）の高みに位置し五〇メートル離れて道具山神社が鎮座。

黒尾（山）［クロ・ヲ→クロオ］

語源は**畔**《クロ》・**尾**《ヲ》。原義は長めの尾根が緩やかに北から南へ傾斜している山容。新幹線が斜交《はすか》いにトンネルを通している。「土地条件図・福岡」によると、黒尾山北端から県道三五号線の間の猪野川流域は往昔、氾濫原だったようで、幾度かその河道を変えている。

牛見（ケ原）［フチ・ミ→ウシミ］

語源は**縁**《フチ》・**廻**《ミ》。原義は黒尾山西側から南へかけて猪野川の縁に近い段丘の平地。

呑（山）［ノビ→ノミ］

語源は**延**《ノ》**ビ**。転じてノミ。原義は長く延びた平な処。萩尾から猫峠へ向かう道の右手にあり、鉾立山と菅岳との裾が出あう緩い傾斜地。

・旧志摩郡今津村呑山
・長野県南佐久郡野辺山
・宮崎県延岡市

猫（峠）［ネ・コ→ネコ］

語源は**嶺**《ネ》・**処**《コ》。原義は高い処。猫は当て字。

・阿蘇根子《ネコ》岳

日ノ浦［ヒ／ヒマ・ウラ→ヒノウラ］

語源は①**樋**《ヒ》。原義は川。多々良川が流れる狭い谷間いがこの界隈で一気に広がる地形。②**隙**《ヒマ》。原義は日ノ浦口から城戸へかけて細長く続く谷状の地形。『枕草子』、『源氏物語』に見える語。浦《ウラ》（**末**）は入り込んだ地形を呼ぶ。

国土地理院作成「都市圏活断層図・太宰府」によると、谷底の多々良川へ向かって両側の山腹から地滑りを起こした跡が見られる（荒田高原、桐ノ木谷、南蔵院北側周辺、郷ノ原、内住栄谷など)。また、三郡山地側尾根から欅《ツキ》谷へかけても同様の跡が記されている。

・旧那珂郡西隈《ニシグマ》村ヒノウラ
・城南区干隈《ヒノクマ》(↓干隈《ホシクマ》)
・旧穂波郡瀬戸村日ノ隈/楽市村日ノ隈
・旧矢部郡矢部村日向神《ヒュウガミ》
・大野城市日ノ浦池
・佐賀県神埼市日ノ隈山

篠栗【ササ・クル→ササグリ】

語源は**小**《ササ》・**刳**《ク》**ル**。原義は小さく裂け割れたような地形。畑仕事で土片《つちくれ》を扱うと手指が油気を失ってパサパサになる状態をササクレルという。室町中期の書状に「篠栗」と見える地名。

・旧三笠郡吉木村笹栗
・旧早良郡東油山村笹栗/堤村笹栗

篠栗線開通は明治三十七年(一九〇四)六月。ふしぎなことに長者原駅の立体交叉は先に開通した香椎線(同年一月)が、後《おく》れて開通した篠栗線をオーバー・クロス。順序が逆に思えたので調べた(『大分《だいぶ》鉄道の経営計画についての一考察』喜多恵、福岡大学大学院論集・第19巻第1号)。

明治二十九年八月に船越鉄道が伊万里〜仲原〜飯塚間の敷設仮免許を取得(現篠栗線)。ところが湾鉄が香椎—宇美間(現香椎線)の仮免許を取得したのは明治三十一年十一月のこと。つまり篠栗線の方が先。このちがいが長者原駅の立体交叉に表われたのだろう。

乙犬(山)【オト・イヌ→オトイン】

語源は**劣**《オト》・**戌**《イヌ》。オトは兄貴分(岳城山・三八二メートル)に比べて低いことをさし、尾

湧き立つような山容からその名がついた若杉山（須恵町から）

根が戌《イヌ》の方位（西北西）へ向かっている地形。乙金《オトガナ》山と同じ語義。鎌倉後期の文書に「乙犬」の地名が見える。

若杉（山）［ワク・ツキ→ワカスギ］

語源は**湧《ワ》ク・坏《ツキ》**。ツキは古器の高坏《タカツキ》のように高く湧きあがったように見える山容を表すのだろう。ワクツキから転じたワカスギの語音に佳字の若杉を当てた。

標高六八一メートルで東京スカイツリー（六三四メートル）よりも五〇メートルばかり高い。頂上に大祖神社が鎮座。『宝満山歴史散歩』（森弘子著）によると、宝満山を霊場とする山岳宗教の修験者たちが宗像孔大寺山までの葛城ルートの途中に位置するこの山を道場の一つとした。神功皇后を聖母大菩薩として若杉山に祭祀し、アヤスギ系の老木の分枝《クローン》を香椎宮に挿木。

神木「綾杉」としたらしいことが、九大名誉教授（造林学）宮島寛著『九州のスギとヒノキ』に暗示される。

　三郡山地の尾根すじから福岡平野へ突き出した山容は独立峰で目立つ。宇美から見上げると尖峰の山容。

米（ノ山）［コマ（イ）→コメ］

　語源は**低**《コマ》**（イ）**。原義は隣りあう若杉山より低い山（高五九三メートル）。

❖粕屋町・須恵町

谷蟹［タニ・カネ→タニガネ→タニガニ］

　語源は**谷**《タニ》**・曲**《カネ》。曲《カネ》→蟹《ガネ》→カニと転じた。原義は川が曲がりくねって流れる谷状の地形。曲《かね》尺《じゃく》のカネと同じ語源。篠栗町和田団地から粕屋町上大隈にかけての段丘の裾を細い谷状に川が小さく蛇行し、県道付近では川面まで深さ三、四メートルある。
　表粕屋地方の古老が蟹《カニ》をガネと呼称していたが、蟹の脚が曲折している姿態からだろう。

長者原［チブ・シャレ・ハル→チョウジャバル］

　語源は**潰**《チブ》**・シャレ・墾**《ハル》。原義は崖地が潰《つぶ》れ落ちたのを放置していた土地を開墾した処。チブは潰《ツブ》レルの転で、チビッ子、チビた鉛筆などのことばと同じ語源。シャレは曝《サラ》スの転で、野ざらしの頭骨をシャレコウベ（『平家物語』）というのと同じ語源。墾《ハル》は中世の開墾地。隣りあって葛葉《クズハ》（←崩・端）の地名があることも一帯が崩落しやすい崖地であることを証明している。その先端部に岩崎神社が鎮座しているのも崩壊の厄除けだろう。「長者」はチブシャレの語音に好字を当てたもの。「土地条件図・福岡」によると、長者原一帯は浅い谷底平野を盛土した所としてマークしている。

・旧御笠郡長者ヶ原《ハル》
・旧上座郡福井村長者原
・旧下座郡三奈木村長者原／相窪村長者原／牛靏村長者原
・旧遠賀郡手野村長者原

久住登山口の長者原は白川によって堆積、崩壊を繰り返しながら湿原をつくった。

敷縄(池) ［セキ・ナエ→シキナエ→シキナワ］

語源は**塞**《セキ》・**萎**《ナエ》。原義はたわんだ小さな盆地状の地。セキナエ→シキナエ→シキナワと転じたと考える。敷縄池は室状の地形でJR長者原駅へ向かって口を開けている。因みに『地名用語語源辞典』によると、ナエ→ナワと転じるのは中世期以降だろうとのこと。

大間(池) ［タヒラ・マ→タイマ→ダイマ］

語源は**平**《タヒラ》・**間**《マ》。原義は丘陵、高地との間の平な低湿地を呼称する。

・旧遠賀郡内浦村大間《タイマ》

駕与丁(池) ［カヨミ・テ・フ→カヨイチョウ］

語源は**屈曲**《カヨミ》・**手**《テ》・**節**《フ》。原義は屈曲した高まりの地。テは場所、方角を意味する接尾語（鞍手、と同じ）。フは高まりの地（新宮町府、と同じ）。カヨミテフ→カヨイテフと転じたと考える。池を造る以前の地形が偲ばれる。

なぜ、この地に雑色に因む地名が呼称されるのか近辺の歴史を探ったが従来の説明では腑におちない。因みに、池の築造年月は定かでない。

仲原［チブ・ハル→ナカバル］

語源は**潰《チ》ブ・墾《ハル》**。原義は高まりの地が須恵川の浸食により崩壊した処。墾《ハル》は開墾地。チブ→チウと転じ、仲の字を当てて訓読みした。

・那珂川町仲《チュウ》／同町 中寺《チュウジ》

・中間市（チウマ→ナカマ）

因みに、甲仲原の「甲」は上《カミ》→カウ→甲と転じた語音だろう。乙仲原は甲に対して呼んだもので下仲原と呼ぶべきではなかったか。

江辻［エ・ツキ→エツジ］

語源は**江《エ》・坏《ツキ》**。原義は水辺の微高地。

伊賀［イカ(ル)／イ・カ→イガ］

地名の解釈に二つある。

①**埋《イ》カ（ル）**……氾濫による土砂の堆積地。

②**井《イ》・処《カ》**……水、川の辺り。

イに好字の伊（伊は物事をおさめる人の意があることから）、カの音に佳字の賀を当てた。

ＪＲ開業時（湾鉄）の駅名は長者原。明治四十一年（一九〇八）十月一日、現駅名に改称。

阿恵［アエ(ス)→アエ］

語源は**崩壊《アエ》（ス）**。原義は須恵川の浸食でこぼれ落ちた地形。原《ハル》町の高台の裾にあたる。洪水に対して脆弱な地形だったのだろう。近くの仲原も洪水に弱い呼称。『源氏物語』に〝ささやかにあえかなるけはひのし給へければ……〟の文がある。

・旧穂波郡阿恵村

柚子［ユス(ル)→ユス］

語源は**揺《ユ》ス（ル）**。原義は氾濫によって崩壊

ＪＲ香椎線（旧博多湾鉄道）伊賀駅の旧駅舎。昭和61年9月撮影

した地形。

・旧御笠郡柚子原《ユスバル》村

・旧糟屋郡夜臼《ユウス》

酒殿

【サコ・ト→サカド】

語源は**迫《サコ》・処《ト》**。原義は二つの高まりの地に挟まれた低地。若杉山から延びてきた二つの段丘に挟まれた地形を呼称。ＪＲ酒殿駅は両者の間（低地）に土手を築いて設置。酒殿は故事に因んで当てた表記。この地は安楽寺領で、古文書によれば平安末期に開発された処。

因みに、サコの語音は九州も南へ行くほど多くなる。

大隈

【オオ・コマ→オオクマ】

語源は**大《オオ》・転《コマ》**。転《コロ》マル→コマ→隈《クマ》と転じた。

原義は多々良川が丸山を大きく迂回する処。

「土地条件図・福岡」によると往古、多々良川の旧河道は篠栗町和田団地の南辺りから粕屋町丸山へ向い、粕屋警察署（段丘）と丸山との間を抉って大きく迂回。丸山の東端を削って南、西と包むように流れ、西端で高速道を潜ると伊賀で現河道に出ている。この際立った曲流の大きさが大隈の地名の発祥だろう。昔から度々氾濫に悩まされている低地。

門松［ト・マチ→トマツ→カドマツ］

語源は**門**《ト》・**湿地**《マチ》。トマチの語音に佳字の門松《トマチ》を当てたためカドマツと転じた。原義は丸山と焼地山が門のように立つ処に広がる湿地帯。この一帯は多々良川の氾濫原。

因みに、旧**勢門**村は狭門《セト》が語源。

須恵［スヱ→スエ］

語源は**末**《スヱ》。原義は、新原《シンバル》と南米里《ナメリ》（←滑リ）との間に横たわる低い段丘が細長く続きその末端部に当たる辺り。須恵川は低台地に沿いながら曲流し、香椎線は裾部を走る。室町期初頭の書状に「須江」と見える地名。

本合［モト（ル）・アイ→モッタイ］

語源は**戻**《モト》（ル）・**泥土**《アイ》。原義は川の乱れた処。モトルは逆流すること。『全国方言辞典』によれば、アイは川や池沼に沈澱している泥土をさす。「明治三十三年測図」では、自然堤防が乱れた状態で残っている。往古の須恵川はこの辺りでも氾濫を起こしていたのだろう。跡は低湿地となっている。

旅石 ［タフシ→タビシ→タビイシ］

語源は**倒《タフ》シ**。原義は須恵川によって浸食され崩落する微高地（段丘）。タフシ→タビシの語音に近い旅石を当てた。室町後期の文書に「旅石」の地名が見える。

ショーケ(越え) ［スボシ・キ→スボシケ→ショウケ］

語源は**窄《スボ》シ・処《キ》**。そこからスボシケ→ショーケと転じた。原義は徐々にすぼまった山間い。キは場所を意味する接尾語で、このての地名は各地に見られる（例：青木、甘木、秋月、香月、キウラ木、白木原、茨城、栃木他）。

南北に連なる三郡山地の尾根筋と、そこから西へ突き出た若杉山への尾根筋が成す地形は時計の針が九時三十分を示す開きに似ている。両者の尾根に順《な》らう山腹が接し合ってできる開けた山間いを呼称。麓の佐谷から登る道はこの谷間いを這い上がる。鞍部に近くなるにつれ、谷間いは袋の口を絞《シボ》ルように徐々に狭くなっていく地形。

現在多く使われている越《コエ》は万葉歌にも使われているい古いことばで、峠は手向《タムケ》がタウゲに転じた室町期以降の新しいことば。

❖宇美町・志免町

宇美 ［フ・ミ→ウミ］

語源は**節《フ》・辺《ミ》**。原義は高まりの地一帯。早見から須恵へかけて段丘面がよく発達している。『日本書紀』では「宇瀰」、平安中期の文書には「宇美」の地名が見える。

早見 ［ハヤ・ミ→ハヤミ］

語源は**早《ハヤ》・辺《ミ》**。原義は急傾斜の地。現地は集落のすぐ背後に迫るような急崖の地形。神社が二つ近々に鎮座しているものも急崖の崩落を恐れての厄除けだろう。ミは周辺をさす語。平安期に入ってワと誤用され今も続く。

唱歌「朧月夜」の歌詞〝里ワの灯影も森の色も……〃のワも実はミ。

み崎みの荒磯《ありそ》に寄する五百重《いほへ》波
立ちても居てもわが思《も》へる君
　筑紫掾門部連石足
（『万葉集』五六八）

淡路がた磯わのちどり声しげし
せとの潮風冴えまさる夜は
　西行法師（『山家集』）

唐(山) ［カラ］

語源は**柄《カラ》**（**幹**）。原義は突き上げたように見える山。高い山、際立った山の意。カラの語音に文化の先進地、唐、韓の字を当てた。今は井野山とも呼ぶ。

井野 ［イリ・ノ→イノ］

語源は**入《イ》リ野《ノ》**。原義は山裾に入り込んだ野地。井野川沿いで宇美から見ると川向こうに位置し、唐山《カラヤマ》の内懐に入り込んだ地形。

旧山田村猪野（久山町）もまた猪野川沿いの奥まった平地に集落がある。

砥石(山) ［トシ→トイシ］

語源は**鋭《ト》**（**利**）**シ**。原義は険しい斜面。トシ→砥石と転じた。津波は利《ト》（高）波《ナミ》の転か。

砥石山の山容が鋭《ト》シに見えるのはどの位置から眺めたときだろうか。この山は霊場宝満山から宗像孔大寺山に至る修験ルートの途中にある。山頂から麓の神武原《コウタケバル》に面した頂上付近の斜面が急な状態を呼んだのではないか。修験の先達は修行者に様ざまの指導をするが、ルートの地形の特徴を捉えて呼称したと思われる。

・旧糟屋郡立花口砥石ヶ浦
・砥石峠（釈迦岳と大日岳の間）

難所（ケ滝）［ナノサハ→ナンサ→ナンショ］

語源は**撫《ナ》ノ沢《サハ》**。原義は沢のような滝。落水が沢のように岩肌を撫でながら流れ落ちる。滝壺に落下するすがたではない。滝は沸《タギ》ルが語源。

志免［シメ(ル)→シメ］

語源は**湿《シメ》（ル）**。原義は水吐けのわるいジメジメした湿地。志免町は須恵川と宇美川に挟まれた低地が続く氾濫原。

宇美川沿いの低湿地帯をさす小字を挙げる。

・旧御手洗《ミタライ》村（↑水《ミ》・弛《タル》〈ム〉・シ＝流れの緩やかな処）
　小深町《コフカマチ》、天田《アマタ》、コモワラ、河原《カワラ》
・旧別府村（自然堤防＝微高地）
　高まりの地をいう小字が多い中に、
　水町、池尻、鏡、蔵々町、仮町《カリマチ》
・旧南里村（本村は自然堤防上の微高地）
　落籠《オチコモリ》、猿楽町、井出ノ元、古川、ニレガモト、尻高町、シャカ町、タタラ、前寺町、須川、ムタタ
・旧志免村（↑湿《シメ》〈リ〉）
　野間尻、河原田《カワラダ》、川原《カハラ》、落籠《オチコモリ》、薄《ススキ》町、鳥町、方《ホウ》ヶ島、水町
・旧田富村（↑湛《タタ》フ・辺《ミ》＝川が緩く広がる

処）

前川原《マヘカワラ》、下川原、下フケ、証語町《ショウゴマチ》

・旧吉原村（←葦原《ヨシ》＝葦《アシ》が繁茂する処）

河原《カワラ》、深町《フカ》、牟田田《ムタタ》、巡リ町《メグ》、松ヶ上《マツウエ》、松ヶ下、松尾《マツノオ》、水町、恵良《エラ》

◉旧筑紫郡

【筑紫野市】
【大野城市・太宰府市】
【那珂川町】

宇美町
飯塚市
乙金山
只越
御笠川
宝満山
大原
太宰府市
御笠
大根地山
風早
筑紫野市
筑豊本線
阿志岐
杉塚
針摺
紫藤ノ滝
天拝山
大佐野
武蔵
侍嶋ノ庄
筑紫
筑前町
西鉄大牟田線
九州自動車道
小郡市
鹿児島本線
大分自動車道

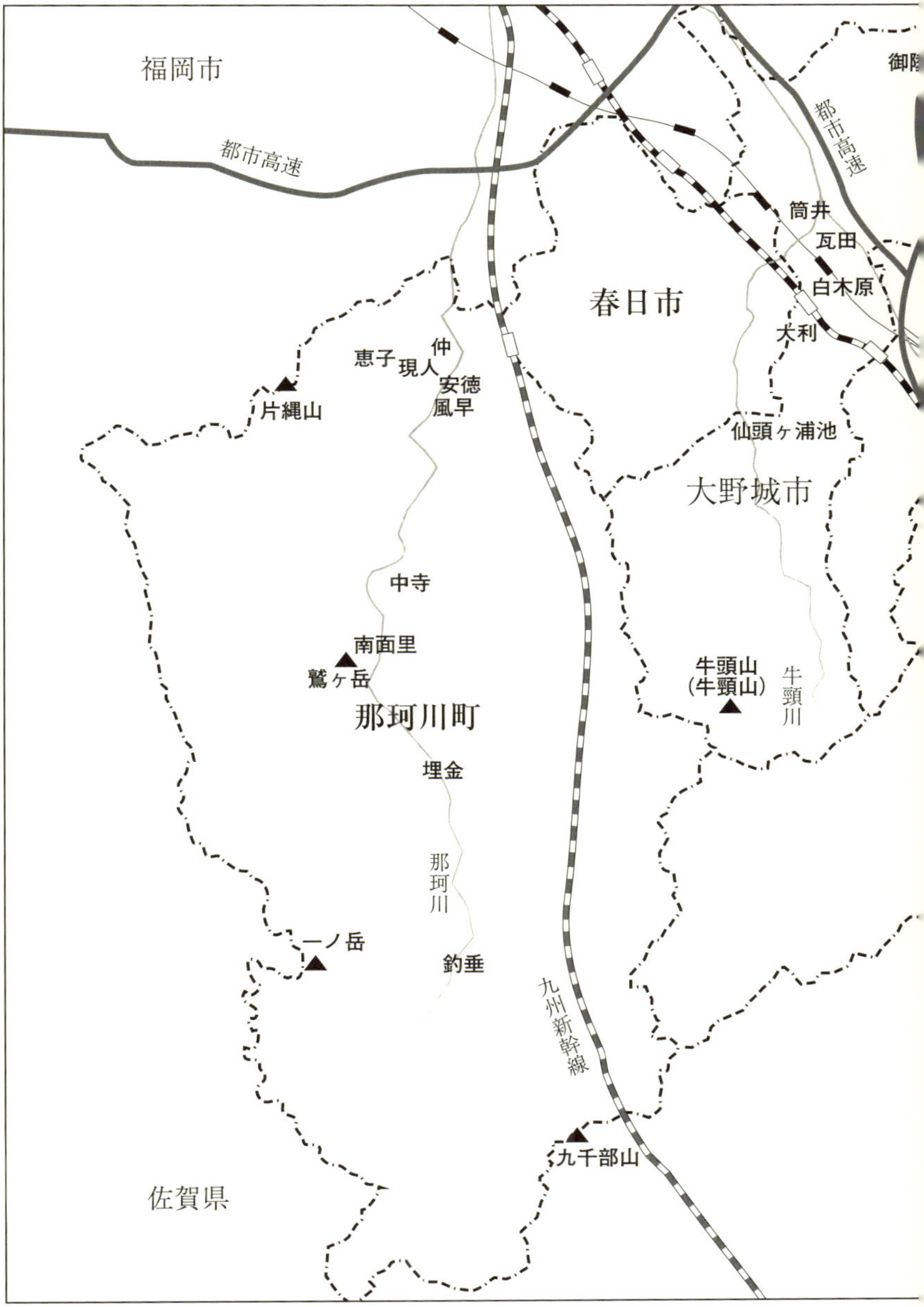

福岡市
都市高速
御陵
都市高速
筒井
瓦田
白木原
春日市
大利
仲
恵子
現人
安徳
風早
片縄山
仙頭ヶ浦池
大野城市
中寺
南面里
鷲ヶ岳
牛頭山
(牛頸山)
牛頸川
那珂川町
埋金
那珂川
一ノ岳
釣垂
九州新幹線
九千部山
佐賀県

❖筑紫野市

筑紫［ツク・シ→チクシ］

語源は**突《ツ》ク・シ**。原義は突き出した処。シはヒガシ、ニシのように方向を意味する接尾語。上山田筑紫は川崎町との境をなす丘陵から西へ突き出した地形を呼称。ツクシの語音に筑紫を当てたので後世、チクシと呼称するようになった。地名の発祥地といわれる筑紫野市筑紫は宝満川へ突き出したなだらかな丘。

・旧穂波郡内住《ナイジウ》村ツクシ谷／平垣村ツクシ谷
・福岡県嘉麻市（旧上山田村）筑紫

その昔、東京行き急行列車〝筑紫〟が博多駅を出る時はチクシ号で見送られ、東京駅に着くとツクシ号で迎えられた。『蒙古襲来絵詞』でも

チクシ（ツクシ）の語源となった丘陵（筑紫野市筑紫）

竹崎季長は鎌倉武士から〝つくしの人〟と呼ばれている。

先端の尖がった部分が身体に触れると、チクチクするというが突《ツ》クツクが語源だろう。他にも、虫歯がうずくことをヅキヅキするとか、方言のツックも同じではないか。

植物のツクシも糟屋地方ではズクボウと呼ぶ。ズクは鳥類のミミヅクと同じで上方に突き出た様をいう。ボウは棒（形状）か坊（愛称）だろう。

大佐野［オ・サ・ノ→オオザノ］

語源は**オ・狭《サ》・野《ノ》**。オは接頭語。原義は緩傾斜した低地帯。福岡農業高校が在る台地と長浦台地との間の地形を呼称。南北朝期の文書に「佐野」の地名が見える。

針摺［ハリ・ズリ→ハリスリ］

語源は**張《ハリ》・ズリ**。原義は張り出した丘がずり下がったような地形。南北朝期の文書に「針磨」の地名が見える。

阿志岐［アシ・キ→アシキ］

語源は**湿地《アシ》（葦）・処《キ》**。原義は低湿地。宝満川の川付きの湿地。

杉塚［ツキ・ツカ→スギヅカ］

語源は**坏《ツキ》・塚《ツカ》**。原義は高まりの地。ツキもツカも同じ語義。JR都府楼南駅南西の、埴安《ハニヤス》神社が鎮座する微高地。

侍嶋(ノ庄)［シト（ル）→シトー→シトウ］

現筑紫野市下見（旧下見村士嶌屋敷《シトウヤシキ》）。

語源は**湿**《シト》（ル）。原義はジメジメした湿地。シトーはシトが中世期以降に長音化した語音。糸島郡志登と同じ語音。南北朝期の文書に見える地名。この庄は筑紫野市南部、下見（↑湿《シ》地《ト》・廻《ミ》）付近に比定される。宝満川の川付きだから、往古は氾濫原だったと思われる。

宝満（山）［ホウマン］

土地の古老はホウマンヤマと呼ぶ。『続風土記』では旧称カマド、ミカサ。カマドは上処《カミト》の転とも考えられる。麓に〝竈門《カマド》〟神社がある、修験の道場があった所。ホウマンと呼ぶようになったのは、白鳳二年（六七三）の密教による開山からだろうか。真北に宗像孔大寺山、西に飯盛山が座する。

山伏にたびたび化ける源氏方《かた》（古川柳）
大江山の鬼退治、義経弁慶らの逃避行。

天拝（山）［テンパイ］

菅原道真が天を拝して無実を訴えたという伝説に因む山名だが、その以前は何と呼んでいたのだろうか。手がかりは中腹に鎮座する〝荒穂〟神社。山上の御神体の大岩を粗穂《アラホ》と呼び、山麓からは突き上げたように見える山。

・旧怡土郡本村天拝山《テンハイザン》

武蔵［フサ（グ）・シ／ムザシ→ムサシ］

語源は**塞**《フサ》（グ）・シ。原義は行き止まり。シは東（ヒムカシ）、西（イヌルシ）のように場所・方向を意味する接尾語。天拝山から下ってきた丘陵の裾が二分して奥まった処。「明治三十三年測図」では、集落はカマドのように奥まった処に在る。枝分かれした地形を**裂シ**《ムザ》とも呼ぶのでこちらも語源として考えられる。室町時代の文明十年（一四七八）頃の書状に「武蔵」の地名が見える。

紫藤（ノ滝）［シタタル→シタル→シトウ］

語源は滴《シタ》タル。シタタル→シタル→シトウと転じた語音に好字を当てた。水煙をあげるほどの大きな滝ではないが、京都音羽ノ滝よりはマシか。

大根地（山）［オ・ネ・チ→オオネチ］

語源は**オ・根《ネ》・地《チ》**。オは接頭語。ネ、チ共に大地を呼ぶ。ネチ岳と呼ばれた時代もあったそうだ。筑穂町との境に座する高六五二メートルの山。大野城市南ヶ丘からの山容は独立峰で見事な三角錐。

❖大野城市・太宰府市

筒井［ツツ（ム）・ヰ→ツツイ］

語源は**包《ツツ》（ム）・井《ヰ》**。原義は、筒井一丁目を口にして井（低湿地）が同二丁目と山田四丁目の微高地とに包まれたように南の錦町二丁目へ入り込んだ地形を呼称。

瓦田［カハ・ハラ・タ→カワラダ］

語源は**川《カハ》・原《ハラ》・処《タ》**。原義は川原。現地は大野城市の御笠川と牛頸川の合流点。溢水しやすく乾くいとまのない湿地帯。博多瓦町と同じカハラ。南北朝期の文書に「瓦田」の地名が見える。

白木原 ［シラ（ム）・キ・ハル→シラキバル］

語源は**素**《シラ》（ム）・**処**《キ》・**墾**《ハル》。原義は緩傾斜地を開墾した処。シラをきる、シラバクレルと同じ語源。

・旧糟屋郡久原村白木《シラキ》
・旧遠賀郡内浦《ウツラ》村白毛《シロケ》
・旧鞍手郡下《シモ》村白毛《シラケ》
・旧穂波郡内野村白木谷《シラキダニ》
・旧嘉穂郡熊ヶ畑村白木《シラキ》

またシラ・キは、素《シラ》けた処の意で洪水のため丸ごと地面がもっていかれた状態をいう。因みに、〝因幡の白兎〟は『古事記』では〝稲羽ノ素兎〟。つまり、まっ白な兎ではなく毛をむしり取られてスッポンポンになった赤裸の意。室町期の書状に「白木原」の地名が見える。

大利 ［オリ→オオリ］

語源は**澱**《オリ》。原義は湿泥地。中世期以降に長音化してオーリと呼称。平田川沿いに形成した湿泥地。別解として、水城の外濠が無用となって九世紀頃に湿泥化した地形を呼称したのかも。

乙金(山) ［オト・カ・ナ→オトガナ］

語源は**低**《オト》・**カ**・**嶺**《ナ》。原義は四王寺山（大城ノ山）よりも低い山。カは助詞。

大城《オオキ》ノ山（高四一〇メートル）の北隣りに位置した高さ二六三メートルの山。大城山の裾が緩く延びた先にチョコンと立っている。そのせいか往古から独立した山に見てもらえず、いつもオト（若い、年下、弟、妹、劣）に見られている損な山。愚弟賢兄。この山のオトをどう捉えるかは人それぞれだろう。兄貴分に見られる大城ノ山は万葉歌人に歌われているが、全く存在感のない疎外されたような山。室町末期の文書に「乙金」の地名が見える。

御陵［クロ→グロ→ゴリョウ］

語源は**畔**《クロ》。原義は低い丘陵が畔のように細長く突き出た高まりの地。クロ→グロ→ゴリョウと転じたと思われる。

ここの御陵は唐山《カラヤマ》から延び拡がった稜が指を広げたように幾つにも枝分かれした地形。御陵宝満神社はそのうちの奥まった短い丘陵の先端に鎮座する。聞けば、この神社は五領神社として旧中《ナカ》、乙金、筒井、山田、那珂郡井相田の各村の惣社だったという。

また、春日から延びてきた同一の低丘陵先端部を東側（須玖）は御陵、西側（上臼佐）は御料と表記する。その先端を小川が廻流している。

・旧那珂郡須玖村御陵／上臼佐村御料

仙頭ヶ浦(池)［セノト・ガ・ウラ→セントウガウラ］

語源は**狭**《セ》**ノ門**《ト》**・ガ・末**《ウラ》。原義は谷のような低地帯。大野城市旭ヶ丘一丁目〝小水城〟バス停から西に入りこんだ処。現代は宅地造成で地形が明瞭に把握できない。「明治三十三年測図」を読むと、狭く細長い低地帯が奥深く入った地形（末《ウラ》）を利用した溜池であることがわかる。

牛頭(山)［ゴズ→ウシクビ］

語源は**牛頭**《ゴズ》**天王**。牛頭《ゴズ》→牛クビと転じた。クビを振る、というように頭をさすコトバでもある。頂上付近は小平地。修験者が牛頭天王《ゴズテンノウ》とからめて呼称した、密教を布教する足場だったのだろう。

因みに地理上の位置関係だが、この山の真東に英彦山、真北に立花山、真西に浮岳の各霊峰が座する。

・旧嘉麻郡入水村牛首／山倉村牛首

御笠［ミカサ］

伝説では旧山田村の御笠ノ森を地名発祥地としている。太宰府市も大原を新町名で御笠と呼称しているので、発祥地を特定しないことには語源が探りにくい。

もしかしたら御笠川は水量川ではないのか。つまり暴れ川の意。

・旧御笠郡山田村三笠ノ森／筑紫村御笠

・旧上座郡松延村御笠

大原［オ・ハル→オオハル］

語源は**オ・墾《ハル》**。オは接頭語。オが長音化して大《オオ》となったもので太宰府市の奥の山間いの平地を呼称。ここは御笠川上流の氾濫原の開墾地。『古代地名語源辞典』には次のような説明がある。

中世以降、オとヲが混乱するとヲハラ（小原）と混同された。京都洛北の大原も小原が原形で「平家物語」などにも〝小原〟となっており、〝大原女〟は現在もヲハラメと呼ばれている。このヲも接頭語で、小さいという意味はない。

・旧嘉穂郡大隈《オクマ》

・旧朝倉郡小《オ》隈

・宮崎県小林市東方《ヒガシカタ》小原

・旧御笠郡太宰府村大原《ヲヲハル》／本道寺《ホンドウジ》村大原《ヲヲハラ》

風早［カサ・ハヤ→カセハヤ］

語源は**嵩《カサ》・急《ハヤ》斜面（崖地）**。原義は高台の急斜面。

・旧御笠郡太宰府村風早《カザハヘ》

・旧那珂郡安徳村風早《カセハヤ》

只越［タダ→タダゴエ］

語源は**只**《タダ》。原義はなんの変哲もないタダの坂。宇美町原田からの旧道はダラ坂の隘路で、最高地点《ピーク》を越えると四王寺山麓に沿いながら太宰府へ向かって再びダラダラ坂を下る。ピーク付近は狭いが台地状の広がりが見られる。

最近、国土交通省は越を峠に改称する傾向がある。越《コエ》は万葉歌にも使われた古いことばであり、峠は手向《タムケ》が転じた室町期以降の新しいことば。

・旧宗像郡手光村田《タ》々《タ》越《コエ》
・旧怡土郡徳永村只越《タタコエ》
・旧上座郡志波村只越《タタコシ》
・旧遠賀郡尾倉村只越《タダゴエ》
・旧穂波郡内山田村只越《タダコエ》

❖那珂川町

安徳［アニ・トコ→アントク］

語源は**兄**《アニ》**・床**《トコ》。原義は高台の地。城山から那珂川に向かって張り出した台地（兄《アニ》）で、周辺の平地（劣《オト》）に比べて呼称された。床《トコ》は床ノ間のように一段高くなった場（間）をさす。アニトコ→アントコと転じた語音。アントコの音《おん》に安徳帝の悲話を付会し〝安徳〟の漢字を当てた。

恵子［エグ（ル）→エコ］

語源は**刳**《エグ》**（ル）**。原義は小さな谷間いのような地形が刳《エグ》ラレタように見えることから。

那珂川町仲から安徳台を望む

仲

［ツブ（レル）→チブ→チュウ］

語源は**潰《ツ》ブ（レル）**。原義は那珂川によって削られてすり減ったような地形。ツブ→チブ→チュウと転じた。「土地条件図・福岡」によると、集落の北と南に旧水路が記されている。

・旧早良郡柏原村中《チウ》ソノ（←潰・園）

・旧那珂郡不入道村中寺《チウヂ》（←潰・地）

現人

［アラ・ト→アラヒト］

語源は**荒《アラ》・処《ト》**。原義は氾濫原。「土地条件図・福岡」によると那珂川は往古、轟橋近辺から東隈の東側を大きく迂回、現人神社南側を曲流して現人橋付近で現河道に出ていた。東隈には那珂川の旧河道が二本マークされ、そのいずれもが現人神社の鎮座する微高地（自然堤防）に遮られるようにして現河道に出ている。現人神社は那珂川氾濫の厄除けを願っての鎮座と思われる。アラトの語音に現人を当てているが、権化・権現の思想を感じる(福岡市中央区荒戸は粗門)。

那珂川が旧河道から現河道に流れを変えてから、隈（転《コロ》マル→コマ→曲→隈）地区を東西に分けて呼ぶようになったのではないか。こうした那珂川の暴れン坊ぶりを地名（仲《チュウ》、東隈、西隈）が語っているともいえよう。

因みに、轟や道目木《ドウメキ》は川の流れが勢いを増したり、川音が高くなる所をいう。

・東京世田谷区等々力《トドロキ》
・福岡市南区野間道目木

埋金［ウメ・カ・ネ→ウメガネ］

語源は**埋《ウ》メ・カ・地《ネ》**。原義は土砂が堆積した処。カは助詞。語音に好字を当てた地名。大金の埋めてある所と面白がって騒ぐ商業放送局があった。視聴率を上げるための涙ぐましい努力。

中寺［ツブ（レ）ヂ→チュウジ］

語源は**潰《ツブ》（レ）地《ヂ》**。チュウジと転じた語音に〝中寺〟を当てた。那珂川が下流へS字形に大きく蛇行する処で、中寺は上流側の蛇行地点の右岸に位置する。このような地形は大曲《オオツル》と呼ばれることがある。

因みに、近くの南面里に座する鷲岳山正応寺の住職は大鶴氏を称する（先祖は戦国期の鷲ヶ岳城城主だった、と聞く）。

南面里［ナメリ］

語源は**滑《ナメ》リ**。原義は土地が滑落すること。那珂川左岸の、中寺に対する地域。往古、鷲ヶ岳からの地滑りでできた緩傾斜地形を呼称したと思われる。

尾根がなだらかに続く様からその名がついた九千部山（奥）

・旧筑紫郡萩原村ナメリ
・旧糟屋郡山田村ナメリ石／上須恵村南免里《ナメリ》

片縄（山）［カタ・ナバ（エル）→カタナワ］

語源は**片**《カタ》・**傾斜**《ナバ》（**エル**）。原義は片方に傾いた山。別解として、肩が下がった状態（**萎**《ナ》**エル**）に見える山容を呼んだのかもしれない。

九千部（山）［クサ（ル）・ヘ→クセンブ］

語源は**鏈**《クサ》（**ル**）・**辺**《ヘ》。原義は緩《ユル》イ尾根が長く続く処。鏈《クサ》ルは同じ状態が長々と続く様をさす語で、金属製の鎖も同じ語源。山岳修行の修験者が〝九千部〟の漢字を当てた呼称。『コンサイス日本山名辞典』では次のように紹介している。

背振山地の東端に位置する台地状の山。山頂から南北にのびる尾根はゆるやかに流れ

長大で、東と西は急に落ちこむ。筑後平野の展望が良い。（傍点筆者）

因みに熊本県**天草**（↑海《アマ》・鎖《クサ》ル）も同様で、大小の島が鎖状に連なる様を呼称した。

鷲(ケ岳)　［ワシ(ル)↓ワシ］

語源は**走**《ワシ》**（ル）**、**奔**《ワシ》**（ル）**。原義は急斜面の地形。

蟻のごとくに集まりて東西にいそぎ南北に走《わし》る　（『徒然草』七十四段）

釣垂　［ツタ(フ)・ラ↓ツタル］

語源は**伝**《ツタ》**（フ）・処**《ラ》。いわゆる筑紫耶馬溪の地形を呼称。中ノ原の南畑発電所付近から南畑ダム堰堤《えんてい》付近までは両岸が那珂川を挟むようにして狭隘な地形が長く続く（伝《ツタ》エル）地形。こうした地形をツタラと呼んだ。ラは場所を示す接尾語。何かの意味をもたせた字を語音に当てたため、後世、文字にひかれてツタルと転じた。

一(ノ岳)　［イツ↓イチ］

語源は**厳**《イツ》。原義は急傾斜の山容。西側の背振ダムからの登山はさほどの急峻さを感じないが、東側の南畑ダム（旧道の釣垂《ツタル》）からのそれは急傾斜。見上げ見下ろした印象を呼称した。

・熊本県五木（↑厳《イツ》・処《キ》）村

◉旧朝倉郡

【朝倉市・東峰村】
【筑前町】

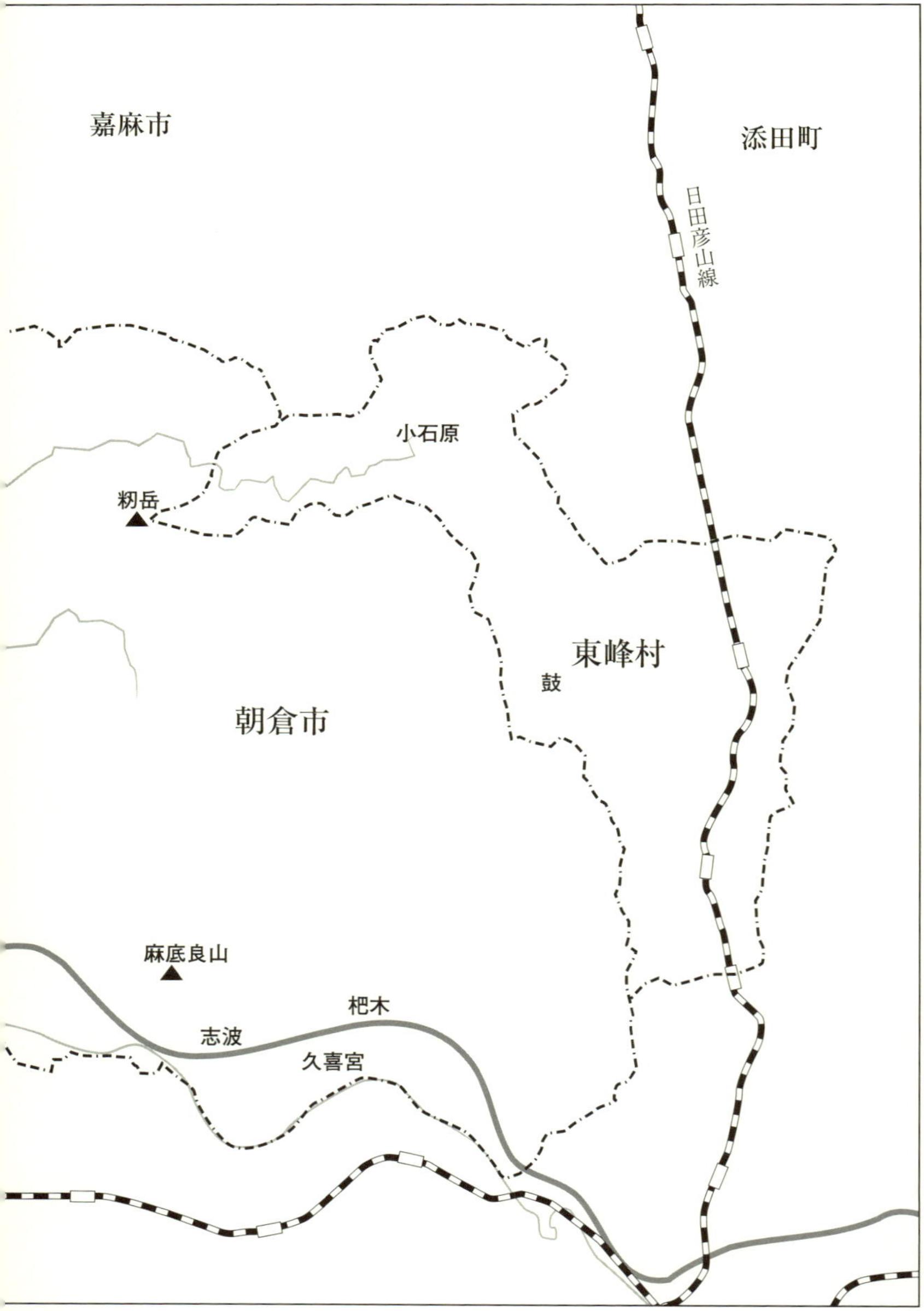

嘉麻市
添田町
日田彦山線
小石原
籾岳
東峰村
鼓
朝倉市
麻底良山
杷木
志波
久喜宮

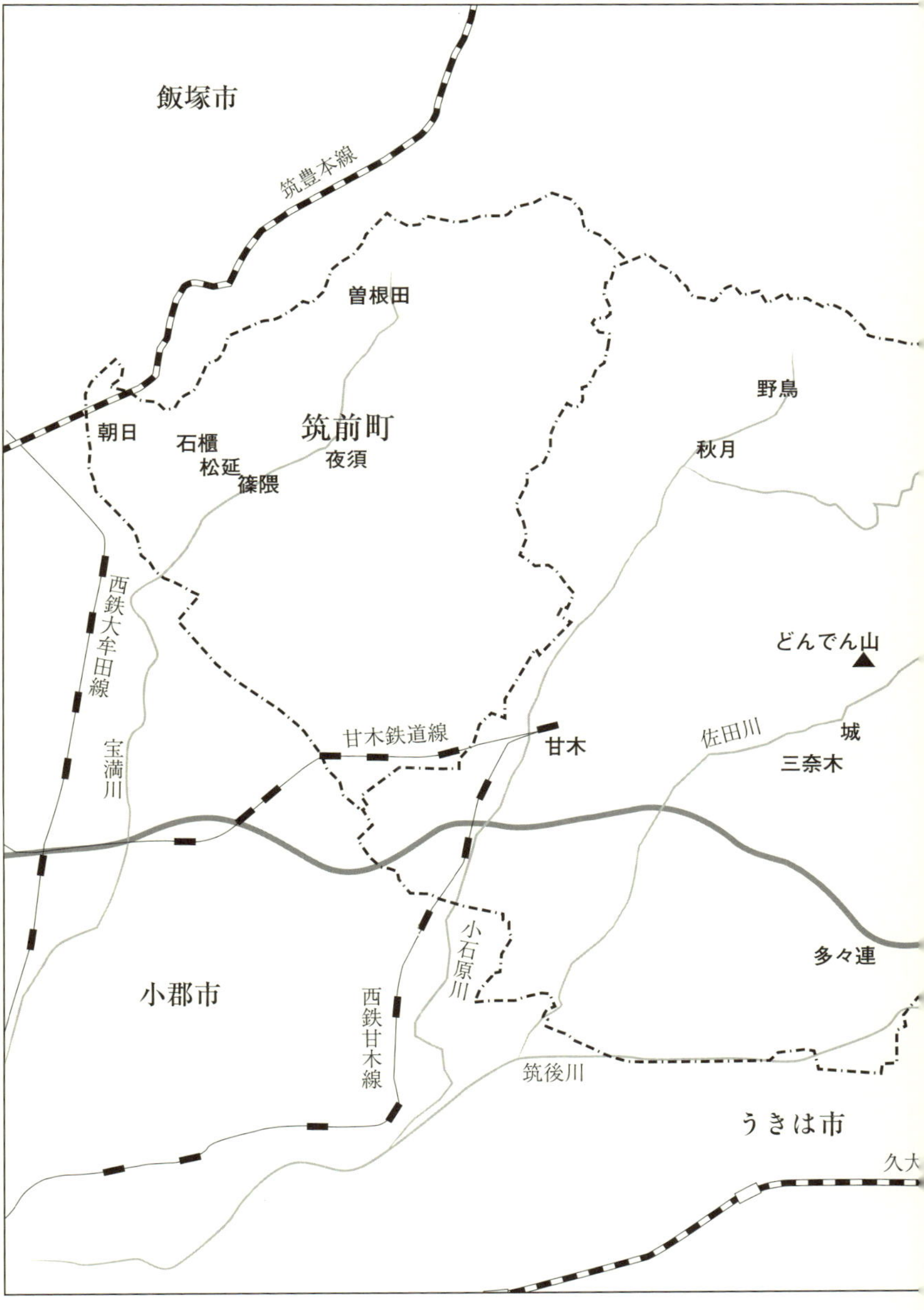

飯塚市
筑豊本線
曽根田
筑前町
朝日
石櫃
松延
篠隈
夜須
野鳥
秋月
西鉄大牟田線
どんでん山
宝満川
甘木鉄道線
甘木
佐田川
城
三奈木
小石原川
多々連
小郡市
西鉄甘木線
筑後川
うきは市
久大

❖朝倉市・東峰村

朝倉【アサクラ】

『古代地名語源辞典』では次のように説明している。

地形的には浅い谷とも考えられるが、アサはむしろアズと同じく崩壊の称で崖をなした谷の意ではないか。クラも刳《ク》リでえぐられたような地形を呼ぶ用語。

旧上《カミ》ツ座郡《アサクラ》は殆んど山地で占められ、旧下《シモ》ツ座郡は山がちながら平地が広い地形なので、現状では地名の発祥地を特定できない。

・旧嘉麻郡大門村朝倉

甘木【アマ・キ→アマギ】

語源は**水間《アマ》・処《キ》**。原義は広い氾濫原、湿地帯。測図から、近くを流れる小石原川の幾つにも乱れた自然堤防と市街地を囲む桑畑がみられる。これらは川水に押し流された土砂が堆積した微高地だろう。

旧甘木村の湿地帯を呼称したと思われる小字地名を次にあげる。

庄屋町、高原町、山嶺《ヤマリョウ》町、後《ウシロ》町、後藤町、二日町、四十《シジウ》町、七日《ナヌカ》町、水町、溝田、馬場町、八日町、大町、株ヶ町、池尻、雛《ヒナ》川、小池、ノマ口《グチ》、島廻《シママワリ》、川原

・旧嘉麻郡川島村アマキ

秋月【アギ・ツ・キ→アキヅキ】

語源は**上《アギ》・ツ・処《キ》**。原義は山寄りの高い所。

下顎を古語でアギ処《ト》と称し、上方へ動くことから〝上の方〟を意味する。甘木から見れば秋月は上の方に当たるからだろう。飛魚は海面上をとぶ習性からアゴと呼ぶのも同じ語源。

三奈木［ミ・ナ・キ／ミナギ(ル)／ミ・ナギ→ミナギ］

語源は**水《ミ》・ナ・処《キ》**。ナは助詞。原義は川付きの地。別解として**漲《ミナギ》**(ル)、**水《ミ》・薙《ナギ》**で、氾濫しやすい地。佐田川と荷原川《イナイハル》との間に挟まれた地域。『和名抄』に「美嚢」の地名が見える。

・旧夜須郡中牟田村三奈木原

野鳥［ナ・トリ→ノトリ］

ノトリのノは地《ナ》の転じた語音。トリは崖が崩れた処をさす。〇〇トリの地名は鳥取をはじめ到るところで見られる。

城［シロ(ム)→シロ］

語源は**素《シロ》**(ム)。原義は〝鼻白《ジロ》む〟というように、勢いをなくしたような緩やかな地形。絞ったように細長く奥まった地形。西へ向かって二つの丘陵が突き出し、集落は両者の狭間にある。

・福岡市西区能古ノ島城
・旧鞍手郡本城村城

麻底良(山)［マ・ト・ラ→マデラ］

語源は**真《マ》・尖《ト》・処《ラ》**。原義は頂上付近が急傾斜した山容。マは、周辺の山々のなかで最も急斜面の山という意味。この山が急斜面の山容を見せるのは志波の集落の下町、中町辺りからの眺めであり、南の宮原からも同じ。志波小学校からは丸味をもって見えるので、飯盛山の印象が強い。鋭《ト》は先端の鋭いことをさす。ラはここら、

杷木町の朝倉ノ橘ノ広庭宮跡。麻底良山と高山《コウヤマ》の間にシワシワとゆるく広がる傾斜地は「広庭」の呼称にふさわしい地形

あそこらの「ら」と同じく場所を表す接尾語。
・旧上座郡古毛村間寺《マテラ》

杷木 ［ハ（ク）・キ→ハキ］

語源は**捌**《ハ》**（ク）・処**《キ》。原義は筑後川が強く川岸を削りながら勢いよく流れる処。旧池田村杷木は筑後川右岸に位置し、川が曲流する攻撃面に当たる地形。
蒲田（↑噛《カ》〈ム〉・間《マ》・処《タ》）と同義。

多々連 ［タダレ（ル）→タダレ］

語源は**爛**《タダ》**レ（ル）**。原義は筑後川の氾濫により土地がタダレタように崩壊した所。または浸食された所。

志波 ［シハ→シワ］

語源は**緩**《シハ》。原義は緩傾斜地。鈍い腹痛をシワシワする、とか事態が緩く進行することをジワジワなどという同じ語源。この地は北川に沿って梅ヶ谷方面からの緩い傾斜地であり麻底良山の麓の笹尾、政所辺りからも緩く傾いてきた地形の処。『日本書紀』に見える斉明天皇の朝倉の〝橘ノ広庭〟は当地形を呼称した地名。

久喜宮［クグモ（ル）・ヤ→クグミヤ］

語源は**潜《クグ》モ（ル）・湿地《ヤ》**。クグモヤがクグミヤと転じた語音に佳字を当てた。コモルことをいい山寄りの内側に入り込んだ湿地を呼称。

どんでん山

『改訂・福岡無名山』（西日本新聞社）によると、頂上部は摺鉢状の地形とのこと。ならば、一般的に山容は頂上が天空に向かって狭くなるのだが、この山は逆になっているということで〝どんでん返し〟の山との意味だろう。

小石原［コシ・ハラ→コイシワラ］

腰《コシ》は山の中腹より少し下あたりを呼ぶ。腰原《コシハラ》が小石原《コシハラ》→コイシワラと転じた。『続風土記拾遺』には〝古来は蕪田原といふ。慶長の郷村帳には腰原と有り、元和四年の田記に始めて小石原と誌せり〟とある。

蕪田《カブタ》は被処《カブタ》で、盆地状の地形であることから山に囲まれた印象を呼んだのではないか。

・旧遠賀郡香月村小石原《コイシハラ》

鼓［ツツム→ツヅミ］

語源は**包《ツツ》ム**。原義は大肥川が崖地を包むように迂回して流れている地形。因みに、大肥川はオヒ川が長音化して大肥川と転じた。帯《オビ》と同じで、この川が山峡を長々と流れる容《すがた》を呼称。樋《ヒ》は川をさす語。福岡市の樋井川と同じ語。

籾（岳）［ママ→モミ］

語源は**継**《ママ》。原義は英彦山から宝満山までの修験ルートがこの近辺で途切れることではないか。岳滅鬼山、釈迦ヶ岳、大日岳と継続する尾根路が小石原で途切れ、継《ママ》（→籾）岳で再びルートに繋がりができて馬見山、屏山、古処山……と宝満山へ金剛界ルートが続くことになるのではないか。継母《ママハハ》、継子《ママコ》と同じ語源。ママは、直結しなくても意味は続くこと。

❖筑前町

夜須［ヤチ・ス／ヤツセ→ヤス］

語源は**湿地**《ヤチ》・**州**《ス》。原義は湿地。夜須高原から流れ下る多くの小河川は主流の宝満川に合流する。その間は広い湿地原を形成。旧朝倉街道沿いの地名には湿地を意味するものが多い。

別解として、多くの小河川の河床傾斜が急だから**八ツ瀬**《ヤセ》→ヤスと転化したのではないかとする研究者もいる。当地名は『書紀』や『万葉集』に見える。

曽根田［ソ・ネ・タ→ソネダ］

語源は**粗**《ソ》・**地**《ネ》・**処**《タ》。原義は荒れ地。現地は夜須高原の麓にあたる。ソネは浸食作用を受けつつ残った部分（高みの地）をいう。

・旧早良郡姪浜村曽根原《ソネバル》

松延［マチ・ノブ→マツノブ］

語源は**湿地**《マチ》・**延**《ノ》**ブ**。原義は平坦地（ノブ）を呼ぶ。佳字の松延を当てた。ノブの語音に延、信を当てるのは中世期に入ってからの現象。

篠隈 ［シノ・クマ→シノクマ］

語源はシノツク雨とかシノノに濡れるなどというように、びっしょり濡れる様をいう。クマは曲のことで、原義は曲がった微高地下の湿地を呼称。

石櫃 ［イシ・ヒジ→イシビツ］

語源は**石**《イシ》**・泥**《ヒジ》。原義は石と泥の入り混じった湿地。旧夜須郡石櫃村で、小字に石櫃《イシビツ》がある。安土桃山初期の文書に「石櫃」の地名がある。

- 旧糟屋郡吉原村石櫃／田富村石櫃
- 旧那珂郡西畑村石櫃
- 旧早良郡野方村石櫃
- 旧怡土郡長野村石櫃

朝日 ［アサ・ヰ→アサヒ］

語源は**浅**《アサ》**井**《ヰ》。原義は浅い井も樋《ヒ》も川のことで、アサイ、アサヒの語音に好字の朝日を当てた。

◉旧遠賀郡

【北九州市若松区・八幡西区】
【芦屋町・岡垣町・中間市・水巻町・遠賀町】

戸畑区
若松区
修多羅
洞海湾
皇后崎
八幡東区
傘屋ノ辻
小倉北区
八幡西区
山陽新幹線
九州自動車道
香月
都市高速
木屋ノ瀬
筑豊電鉄
小倉南区

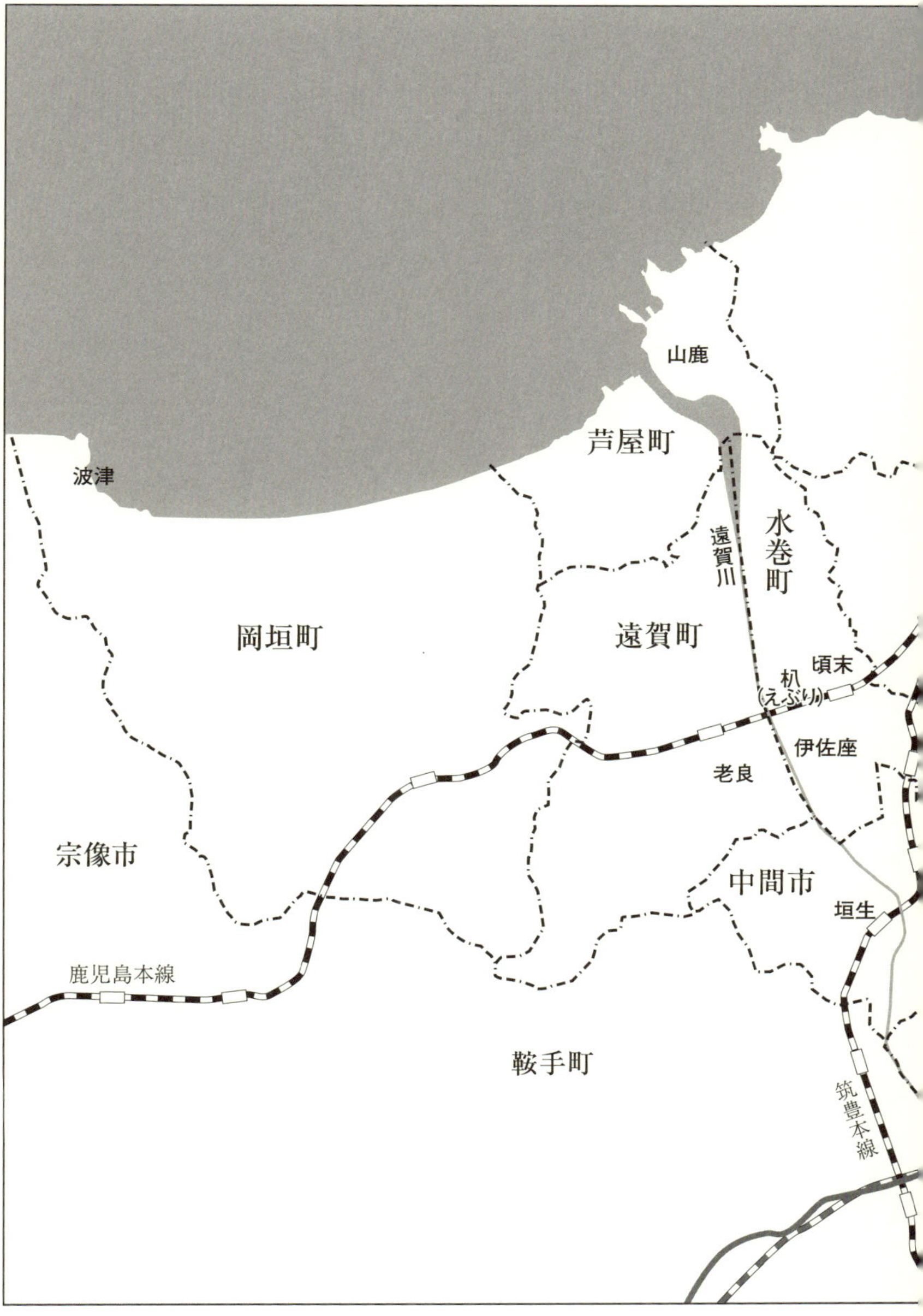

山鹿
波津
芦屋町
遠賀川
水巻町
岡垣町
遠賀町
頃末
杁
(えぶり)
伊佐座
老良
宗像市
中間市
垣生
鹿児島本線
鞍手町
筑豊本線

遠賀［ヲ・カ→オンガ］

語源は峰《ヲ》・処《カ》→岡。原義は高台。ヲカの語音に佳字の遠賀を当てたためオンガと転じた。遠賀川流域は湿地原だったようだ。『続風土記』には次のような記述がある。

地形ひきく《ママ》水泥ふかく大河流れて水災多し……雨年に凶餓にたえす。凡遠賀郡は大河ありて地ひき、故に、五月雨の日数《ひかず》ふりつもぬれは洪水出てあたかも海の如し。

また、縄手と呼ぶ地名が筑前国内で最も多い郡域。縄手は低地に土を盛って道路にした処。旧遠賀郡は十三ヶ所。旧鞍手郡は八。旧宗像郡は六。旧嘉麻郡、怡土郡は各四。旧早良郡は三。旧糟屋郡、志摩郡は各二。旧穂波郡は一。その他の郡域には見当たらない。広重の「東海道五十三次」シリーズで〝平塚〟に縄手道が描かれているので想像できよう。平塚ノ宿は相模川（馬入川）の川尻に広がる低地。

❖北九州市若松区・八幡西区

戸畑［ト・ハ・タ→トバタ］

語源は門《ト》・端《ハタ》。原義は地形が洞海湾の入口に当たり、左右が門のように高まりの地であることから。『万葉集』に「飛幡」と見える地名。

若松［ワク・マ・ツ→ワカマツ］

語源は湧《ワ》ク・間《マ》・津《ツ》。原義は対岸の戸畑に比べると急崖の高い山（修多羅《スタラ》）が海に臨んでいるため。語音に好字の若松を当てた。

芦屋町から山鹿城址を望む。一帯に広がる台地が遠賀の呼称の始まりか

洞海［クキ・ウミ→クキノウミ→ドウカイ］

語源は岫《クキ》・ウミ。原義は洞穴のように凹んで入り込んだ地形。音《おん》がもつ意味にあう漢字の洞を当てて音訓みした。

修多羅［スタ（レル）・ラ→スタラ］

語源は廃《スタ》（レル）・ラ。ラはそこら、ここら、の「ら」と同じで場所をさす接尾語。原義は崩落した地形。室町期の文書に「修多羅」の地名が見える。

・旧宗像郡須多田《スタダ》村

皇后崎［コク（ル）→コウガサキ］

語源は剋《コク》（ル）。原義はこすり取られたような地形。崩壊した処。稲をコクル（→コグ）と同じ語源。語音に近い漢字を当て伝説を付加した。江戸前期の文書に「皇后崎」の地名が見える。『字小名取調帳』では、コウグウサキと訓んでいる。

・北九州市小倉

・旧志摩郡野北村孝号春《コウゴウハル》

傘屋(ノ辻)［カサ・イハ→カサヤ］

語源は**嵩《カサ》・岩《イハ》**。原義は高い岩場の目立つ道。

香月［カミ・ツ・キ／カツ・キ→カツキ］

語源は**上《カミ》・ツ・処《キ》**。原義は高まりの地。鎌倉前期の文書に「勝木」と見える地名。別解は**搗《カ》ツ・処《キ》**。高台（旧大辻炭坑一帯）から黒川へ崩落した地形を呼称。

木屋ノ瀬［コ・ヤ→コヤノセ］

語源は**小《コ》・湿地《ヤ》**。原義は小湿地帯。犬鳴川と遠賀川の合流点で川瀬が発達し、流れの変化による湿地帯が形成された。

❖芦屋町・岡垣町・中間市・水巻町・遠賀町

芦屋［アシ・ヤ→アシヤ］

語源は**葦《アシ》・湿地《ヤ》**。原義は植物のアシが生育する低湿地。東区箱崎の別称〝葦津ガ浦〟と同じ。

山鹿［ヤマ・カ→ヤマガ］

語源は**山《ヤマ》・処《カ》**。原義は高地。遠賀川右岸の高台を呼称。

波津［ハツ(ル)→ハツ］

語源は**果《ハ》ツ（ル）**。原義は遠賀川尻の芦屋に始まる海岸線が弧を描いて終わる処。別解として、宝満山に始まり宗像孔大寺山に終る修験の峰入りルートの最終地点をさしての呼称かとも思われる。孔大寺山のほぼ北の浜辺に妙見神社が鎮座しているが、妙見とは北極星、北斗七星を神格化した妙見菩薩（北辰菩薩）を意味する。東区名島の妙見島も筥崎宮の北の方位に位置することから呼称命名されたもの。博多区吉塚の妙見もしかり。

中間【ツブ（レ）・マ→チブマ→チウマ→ナカマ】

語源は**潰**《ツブ》**（レ）・間**《マ》。原義は潰《ツ》ブレタ処で、遠賀川の浸食作用で崩壊した地形を指す。ツブマ→チブマ→チウマと転じた語音に中間《チウマ》を当ててナカマと訓んだと思われる。おチビさん、チビた鉛筆と同じ語源。古書には、なかまをどことどこの間のことか不明と記している。因みに、南九州には中馬《チウマ》（原義はシラス台地の崩壊した処）の姓が多い。

垣生【ハニ・フ→ハニュウ】

語源は**埴**《ハニ》**・節**《フ》。原義は赤土の露出する崖地。ハニは赤土（粘土質）。フは高まりの地。遠賀川左岸の丘（現・垣生公園）をさす。川が急曲し迂回する内側の滑走面に当たる高台。ここから遠賀川下流域を望むと広々とした平地が見られる。氾濫原だろう。洪水による溢れた光景を想像するだけでも海のように見えて身の毛のよだつものを感じる。『和名抄』に「埴生」の地名が見える。

・福岡市西区羽根戸《ハネト》（↑埴処）

杁【エミ・リ→エブリ】

語源は**笑**《エミ》**・リ**。原義は地表がほころび割れる様。リはホトリ、シリ、ヘリのように場所をさす接尾語。明神ヶ辻山が遠賀川の侵食作用で崩壊した地形。朳は田、畑、穀物の天日干しなど凹凸を均らす農業用具のこと。

頃末 ［コロ・ス・エ→コロスエ］

語源は**転《コロ》・州《ス》・江《エ》**。原義は曲流した川付きの地。JR水巻駅近くの低地。転《コロ》はコロガルことで川が曲流していることを呼ぶ。州江《スエ》に末《スエ》を当てたのは末永い地盤の安定を願ってのことだろう。中世期の開発地に多く見られる用字。室町中期の文書に「是末」の地名が見える。

伊佐座 ［イサゴ・サ→イサザ］

語源は**砂《イサゴ》・サ**。サは方角、場所を表わす接尾語。方言の〝博多サ行く〟と同じ語源。原義は砂地の広がる処。

老良 ［オ・ヰ・ラ→オイラ］

語源は**オ・井《ヰ》・処《ラ》**。原義は水を被りやすく広い湿地帯を呼称。語音に佳字を当てた。オは接頭語。井は水場。処《ラ》はここら、そこらと同じで場所を意味する接尾語。

◉旧鞍手郡

【鞍手町・直方市・小竹町】
【宮若市】

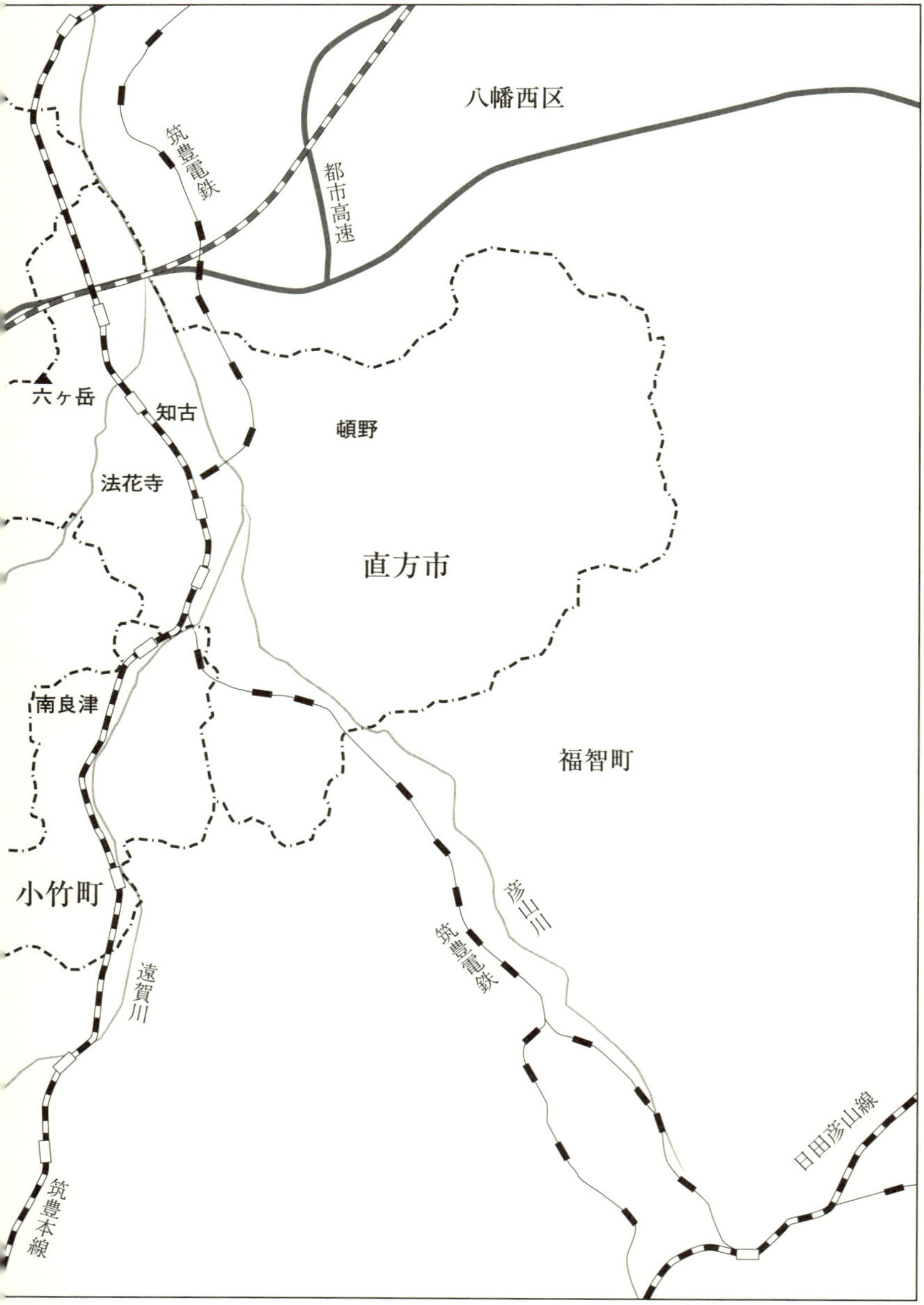
八幡西区
筑豊電鉄
都市高速
六ヶ岳
知古
頓野
法花寺
直方市
南良津
福智町
小竹町
彦山川
筑豊電鉄
遠賀川
日田彦山線
筑豊本線

木月
鞍手町
宗像市
論地
東蓮寺
福津市
才明寺
万願寺
九州自動車道
古賀市
セビガ尾山
生見
辰ノヘラ
神屋根
宮若市
山陽新幹線
芳賀
脇田
犬鳴山
犬鳴川
間夫
久山町
飯塚市

❖鞍手町・直方市・小竹町

鞍手［クラ・テ→クラテ］

語源は刳《クラ》・方《テ》。原義は崖や谷の目立つ方面。クラは朝倉、小倉などと同じ語源で崖地、崩壊地形をさす。テは山の手、行く手のテと同じ。クラテは六ヶ岳（高三三八メートル）が地名発祥地ではないか。周囲を取り囲む平地からは六峰が独立して見える。宗像大社との関わりがあるそうだ。平安初期の文書に「鞍手」の地名が見える。

木月［キツ(シ)・キ→キヅキ］

語源は厳《キツ》（シ）・処《キ》。原義は急崖の高台。室町中期の文書に「木月」の地名が見える。

直方［ヌ・カタ→ノ・カタ→ノーカタ→ノオガタ］

語源は沼《ヌ》・潟《カタ》。遠賀川流域は溢水しやすく水の退きがわるい低地は湿地化する。近辺は亀《カメ》ノ甲《コウ》（←噛《カ》メ・処《コ》）という地名に象徴されるように川が噛むようにぶつかって氾濫しやすい処。福岡藩の支藩として東蓮寺藩を置いたが、「寺院」を想起することから不快感をもち〝直方〟に変えたと聞く。その経緯については『日本歴史地名大系41　福岡県』(平凡社）に概略、次のように記述されている。

　上境村枝郷の中泉《ナカイズミ》村の旧称能方村から採用し、表記を改めたもの

とのこと。中世期にノ・カタからノーカタと長音化した語音に好字〝直〟を当てたものと思われる。したがって、直方そのものは地名としては新しい。ここでは、東蓮寺または能方につい

クラテの地名発祥の地と考えられる六ヶ岳

て考察すべきだと考える。

・旧御笠郡観世音寺村東蓮寺／通古賀村東蓮寺

頓野［タナ・ノ→トンノ］

語源は**棚《タナ》・野《ノ》**。原義は棚状の地形。南接の羽（端）高と共に一帯は高台の地形。建武初期の文書に「頓野」の地名が見える。

・宮崎県日南市殿所《トノドコロ》（細長い丘陵）

知古［フチ・コ→チコ］

語源は**縁《フチ》・処《コ》**。原義は川付きの低地。

法花寺［ハケ・ヂ→ホッケジ］

語源は**吐《ハ》ケ**（**崖《ハケ》**）・**地《ヂ》**。原義は湧水地。現在は犬鳴川を渡った対岸の丘陵。剣（←曲《ツル》・処《キ》）神社、鶴屋敷の呼称でわかるように、地形は法花寺集落へ向かって緩く曲がり、犬鳴川もまた新入《シンニュウ》側を和田（←曲処《ワタ》）と称するように川水の攻撃面に当たる。剣神社は氾濫しやすい地形の厄除けとしての鎮座だろう。

古老の話では、今は観音堂の前だけ湧水がある、とか。セメントの原料として背後の丘陵の採掘が始まってからは、それまでの法花寺地区の湧水現象が見られなくなったという。また、寺もないのにどうして法花寺の地名なのか不明だという。往昔、修験者が布教の足場にしていた所かもしれない。

崖地は往々にして地下水が湧き出る所があり、ここもその一例だろう。筆者宅の前は丘陵を掘削した傾斜地だが、二ヶ所から地下水が常に湧き出ている。また、大岡昇平著『武蔵野夫人』の冒頭で、ハケの長者の話が出てくるが、関東平野のローム層からの湧水を説明している。したがって、崖地と湧水の吐き出し口とが地名用語として呼称されたのだろう。

因みに漢字の「原」はミナモトのことで、崖地から水が泉となって湧き出る象形文字。中世の開墾地を指すハルが転化した「原」とは語源を異にする。

・旧志摩郡谷村法花寺《ホウケジ》
・九重法華院《ホッケ》温泉／黒岳ソバ・バッケ
・熊本県小国町岐《ハゲ》ノ湯温泉（峡《ハゲ》川）

南良津［ナラ・ツ→ナラツ］

語源は**均《ナ》ラ・津《ツ》**。原義は遠賀川沿いの平坦地。ツは川をさす。南良浦《ウラ》のウラ（末《ウラ》）は平地が山寄りに入りこんだ地形を呼称。博多の奈良屋は、元寇後、遠浅の湿地を埋立て均《ナ》ラシタ処。

❖宮若市

生見［ヌク・ミ→ヌクミ］

語源は**抜《ヌ》ク・廻《ミ》**。原義は山や高台が土砂崩壊をおこして流れ下った（抜《ヌ》ケル）処。ミは接尾語で、およその場所を示す。

現地は、八木山川と犬鳴川の合流点。

・福岡市早良区野芥《ノケ》

論地［ロジ／ロンヂ→ロンジ］

『地名用語語源辞典』には次のような説明がある。

①境界、水利権等が論争の対象となった地

②地すべりによる境界係争地。

③小さい谷（炉地《ロヂ》）

現地は宮若市重久から宗像市山附へ抜ける道路の郡境。旧倉久村の略史を調べたが、土地の争論についての記述がないので不詳。

したがって、地形を呼称したとすれば、細く深く入り込んだ所で③の**炉地**→論地の解釈が適当と思われる。

・旧宗像郡久末村論地

・旧那珂郡安徳村論田

東蓮寺［タフレ・ヂ→トウレンジ］

語源は**倒《タフ》レ・地《ヂ》**。原義は傾斜した土地。春田の集落から東へ倉久川を渡り、ゴルフ場の丘陵を越える旧道が通る緩い傾斜地を呼称したのだろうが、造成されて地形が変わった。

才明寺［サヘ・メ・ヂ→サイメイジ］

語源は**塞《サヘ》・目《メ》・地《ヂ》**。原義は行き止まりになった狭い処。旧国鉄室木駅へ抜けるゴルフ場下の溜池へ入り込んだ地形を呼称。塞《サヘ》はサエギルことで、目はジャガイモのメと同じで隙間のようなくぼ地。

万願寺 ［マガ（リ）・ヂ→マンガンジ］

語源は**曲《マ》ガ（リ）・地《ヂ》**。原義は山中へ曲がりこんだ地形。中有木と六郎丸を口にして万願寺、内山、山崎と山裾が湾曲している。四郎丸の丘は背の低い里山だったが、均《な》らされて自動車工場に変わったので、〝曲がり地〟の地形が読みとりにくくなった。

・旧志摩郡油比村万願寺
・熊本県小国町満願寺

脇田 ［ワ・キ・タ→ワキタ］

語源は**曲《ワ》・処《キ》・処《タ》**→脇《ワキ》・処《タ》。原義は、人体の脇と同様に曲《ワ》になって深く入り込んだ処。金生《カノウ》と髙野との間から平地が細長く入りこんで奥まった処に集落がある。

芳賀 ［ヨス・カ→ヨシカ］

語源は**寄《ヨ》ス・処《カ》**。原義は犬鳴川と福（←膨《フク》）井からの水路が合流した処。語音に佳字を当てた。

犬鳴（山） ［イタダキ→インナキ］

語源は**頂《イタダ》キ**。原義は宝満山から尾根伝いに犬鳴峠に来ると、見上げるような〝頂（犬鳴山）〟に出あう。「頂」が山頂を指す例としては、『竹取物語』がある（『岩波古語辞典』）。真北に宗像湯川山が鎮座。

山神は〝大神〟として〝狼〟とつながり伯耆大山《ダイセン》、秩父三峰山などのように狼を神とする信仰に発展する。伯耆大山開山の伝説は〝金色の狼〟の物語。つまり犬神信仰に発した山伏たち（修験者）によって犬ヶ岳、犬鳴山などと呼称されたのではないか。天狗の狗も犬のこと。久山町側の麓には白山宮《スラサン》（山ノ神）が鎮座。

古老の話では、明治期、犬鳴谷村の人たちが汽車に乗るときは西山越えで糟屋郡薦野《コモノ》へ出て鹿児島線古賀駅へ向かったという。

・旧志摩郡野北村犬鳴山

セビガ尾（山）［セビ（ル）→セビガオ］

語源は**強請**《セビ》**（ル）**。原義は山腹の急傾斜の地形。方言でも無理強いすることをセビルという。

神屋根［コーヤ・ノ／タカノ→コーヤネ］

①中世末期から近世初めにかけて呼ばれた開墾地名。『地名用語語源辞典』によれば、免租地であるため**コウヤ**（**荒野**）の意から、さまざまに当て字されたのではないか、という。開墾を勧めるために租税を免除した土地。現地が山地のため野《ノ》が嶺《ネ》に転じたとも考えられる。

②**高野**《タカノ》をコウヤと音読みし、後世、コーヤの語音に嶺《ネ》を付けて呼称するようになったのかも。一帯は高野と称するなだらかな丘陵地帯。

辰ノヘラ［タツノ・ヒラ→タツノヘラ］

山陵が**辰**（東南東）の方角を向いていることをさし、ヘラは古語（『古事記』）の**ヒラ**が訛ったもので坂道を呼称したもの。逆に平地はタヒラ。

間夫［ママ→マブ］

旧称は大道《オオミチ》（修行者の奥駆けルート）山。**ママ**は籾岳《モミダケ》と同じ継の意味。ママ→マブと転じた。

『地名用語語源辞典』によれば、ママ、マブは同系統の用語で、崖地、傾斜地などを呼称する。宝満山―孔大寺山ルートのうち、宝満山から鉾立山へ向かい、犬鳴山を経由せず別ルートとして笠置山から間夫（大道山）へ中継ぎして西山へと歩いたのではないか。後世、石炭採掘に伴い坑道の意のマブと重なったと思われる。

マブ（大道山）のほぼ北にあたる宮若市黒丸橋付近に北斗宮（妙見、北辰菩薩）が鎮座。この社のほぼ西の方位には、古賀市西山が座している。西山の呼称はこの関係で始まったのではないか。

因みに旧黒丸村には次のような小字がある。

庚申堂《コウシンドウ》、中《ナカ》坊、大殿《ダイトノ》坊、向《ムカイ》ノ坊、坊尺《ボウシャク》（作）、問所《トヒショ》、御地頭《ゴチトウ》、十連《ジュウレン》（十力《ジウリキ》＝仏に特有な十種の智力）

・旧鞍手郡脇田村間夫《マフ》

フシュウ［フジョウ→フシュウ］

遠賀郡には造成した道を意味するナワテ（縄手）の小字名が多いが、鞍手郡はフシウ（フシュウ）のそれが多い。

東條操編『全国方言辞典』（東京堂出版）によると、鹿児島県地方で、「フジョーデン」（不浄田）と呼ぶ地名がある。たびたびの洪水氾濫で荒らされる田地をさすそうだ。つまり、フジョウ→フシュウと転じたのではないか。フシュウの小字がある旧村名を挙げる。

上大隈村、宮田村、木月村、古門村、上木月村、新延村（2）、小牧村（2）、頓野村

◉旧嘉穂郡

【嘉麻市】
【飯塚市・桂川町】

福智町
平成筑豊鉄道
香春町
木浦岐
鹿毛馬
（鹿毛ノ間）
佐與
（佐与）
糸田町
仁保
三緒
後藤寺線
田川市
大任町
銭代坊
稲築
日田彦山線
川崎町
琴平山
嘉麻市
添田町

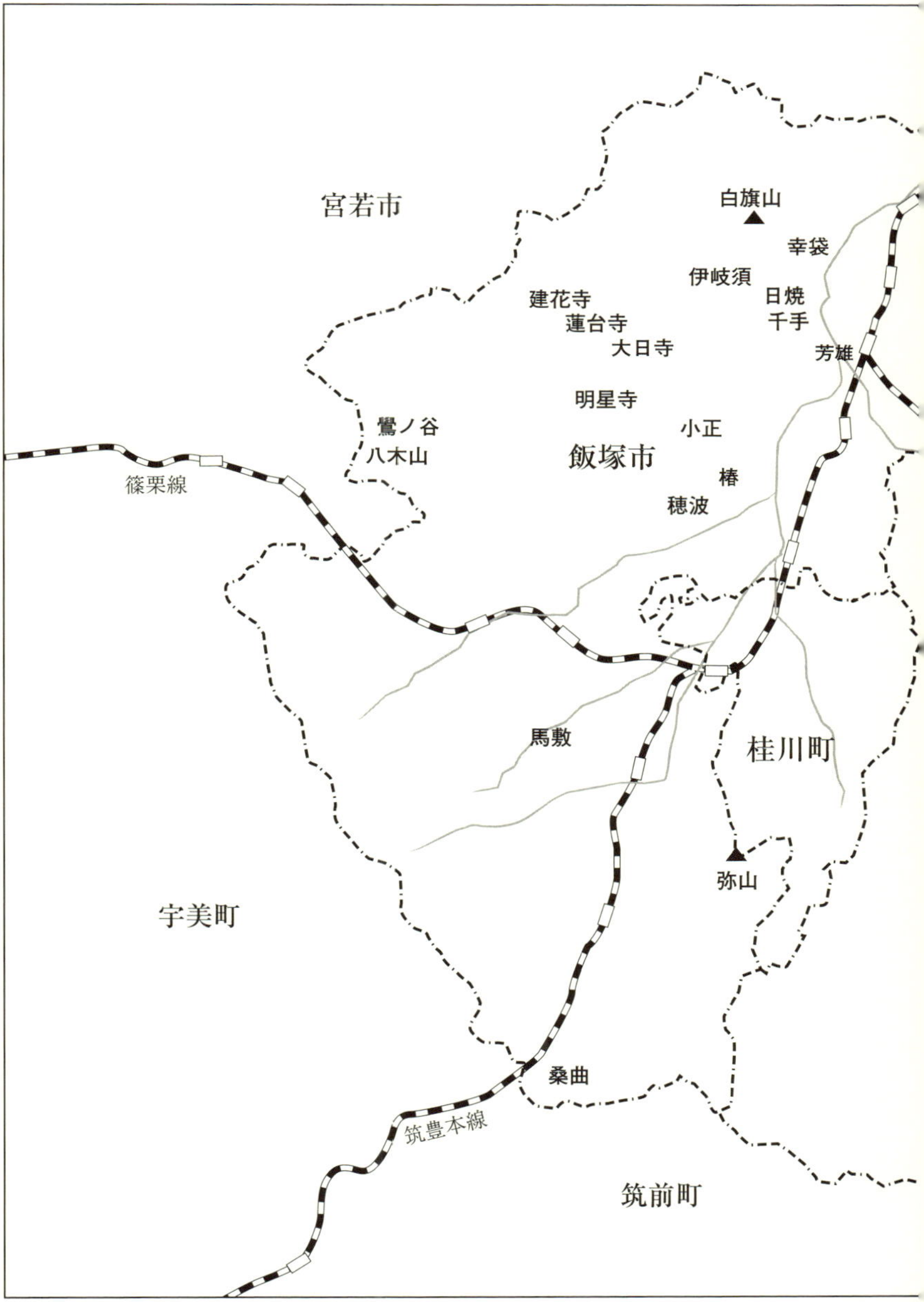

宮若市
白旗山
幸袋
伊岐須
日焼
千手
建花寺
蓮台寺
大日寺
芳雄
明星寺
鷺ノ谷
小正
八木山
飯塚市
篠栗線
椿
穂波
馬敷
桂川町
弥山
宇美町
桑曲
筑豊本線
筑前町

❖嘉麻市

嘉麻［カ(ム)・マ→カマ］

語源は噛《カ》(ム)・間《マ》。原義は川の流れが崖地を怯やかす処。往古、嘉麻、穂波、建花寺、碇の河川が合流し飯塚市立岩《タテイワ》周辺の崖下を削る(噛ム)ようにして流れていた地形を呼称したか。

稲築［ヨナ・ツキ→イナツキ］

語源は砂《ヨナ》・坏《ツキ》。ヨナは米《ヨネ》、火山灰、砂などのように小さな粒を呼ぶ。原義は砂土が堆積してできた高まりの地。稲築八幡宮は嘉麻川の合流点に面して鎮座。「明治三十三年測図」では、口《クチ》ノ原《ハル》(↑朽ノ墾)の地名が示すように一帯は氾濫原を意味する自然堤防が散在。ヨナツキの語音に好字の稲築を当てたため、後世、漢字にひかれてイナツキと呼称するようになった。

銭代坊［セマ・タ・ホ→センダイボウ］

語源は狭《セマ》・処《タ》・穂《ホ》。原義は横に突き出た狭い台地。語音に仏教のニオイのする漢字を当てた。一帯には旧三井山野鉱山の社宅、炭住が広がっていた。セマタホ→センダボと転じた語音にセンダイボウを当てたもの。往古、旧山野村は宇佐八幡宮領の山野別府だった。小字地名に、蓮花坊、山伏町、神宮寺、祇園山、寺山などがある。

仏教用語の闡提《センダイ》の文字が一般的でないので、銭代を当てたのだろう。

因みに闡提《センダイ》について『岩波仏教辞典』は概略次のように説明している。

一闡提の略語。因果・業報、末世を信ぜず、仏の所説にしたがわず、正法を誹謗して成仏の縁を欠くものをいう。大衆の涅槃経の所説においては、一闡提を不成仏者と規定しつつも、終局には仏性を有するゆえに成仏するものとしている。

琴平(山)［カタ・ヒラ→コトヒラ］

語源は**偏**《カタ》・**傾斜地**《ヒラ》。原義は山頂から左右に下る稜線がボタ山のようにどちらかに偏って見える山容。カタヒラ→コトヒラと転じた。往昔、修験者（山伏）の足あとがあったのではないか。

❖飯塚市・桂川町

飯塚［イヒ・ツカ→イイヅカ］

飯《イヒ》も**塚**《ツカ》も土地が盛り上がった地形を呼称。漢和辞典によると、飯の訓《よ》みはハン、ボン、めし

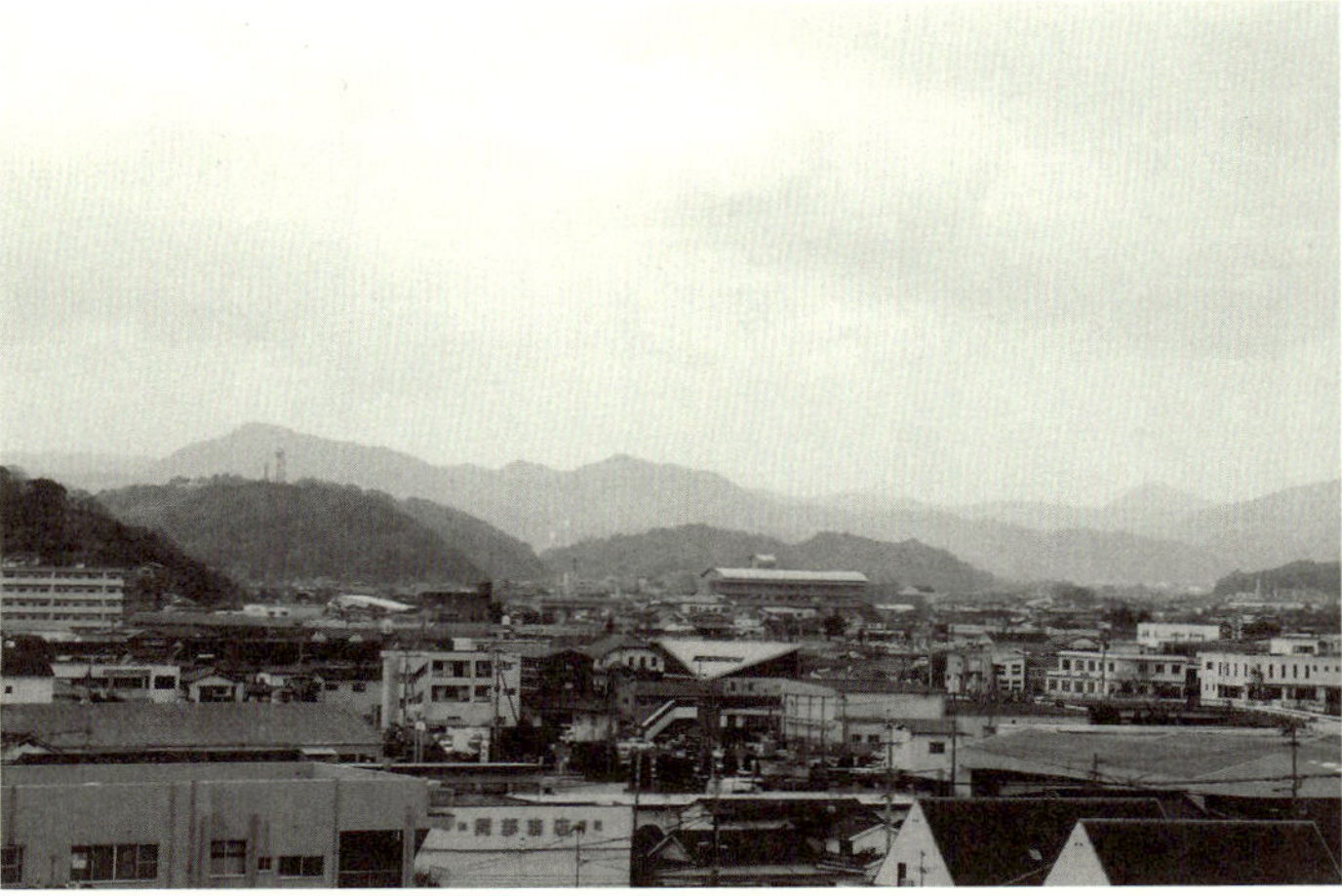

飯塚市内から畝原山、鉾立山を望む。波打つような尾根が続くことからホナミの呼称が生まれた

だが、イヒの訓みはない。吉にヨシの訓みがないのと同じ。別解として、上塚《ウヘツカ》の転じた語。

穂波 ［ホ・ナミ→ホナミ］

語源は穂《ホ》。原義は山の頂き、高所。ナミは波か並だろう。三郡山地から枝分かれした尾根が波打つように、または並んでいるように地形が見えての呼称かと思われる。山並みの続く地形を呼称。王塚古墳界隈から眺めた三郡山地は三郡山を中にして左右に嫋《たお》やかな稜線を延ばす。

芳雄 ［ヨシ・ヲ→ヨシオ］

語源は寄《ヨ》シ・尾《ヲ》。原義は大小の多くの河川が寄り集まった地形。ここは対岸の吉（葦）原同様に多雨期には水を被りやすい処。周辺には似た地名が多い。

川島（←洲）。川にできた洲《シマ》。

川津（←川処《ツ》）。川の傍。川添い。川付き。

片島（←片洲）。高地の片方が州の状態。

幸袋（←川袋）。川が袋状に拡がった処。

秋松（←捌《ハケ》マチ）。小水路の多い湿地帯。

三緒（←澪）。低湿地で氾濫原の中の主流。

松ヶ瀬（←湿地《マチ》ガ瀬）。低湿地帯。

碇（←埋《イ》カル）。土砂崩壊をおこした川。

頴田 ［カユ・タ→カイタ］

語源は粥《カユ》・処《タ》。原義は水分を多く含んだ粥のような湿地。処《タ》は場所を表す接尾語。口《クチ》ノ原に代表されるように遠賀川、庄内川、鹿毛馬川の合流点。

・旧鞍手郡龍田村粥田浦
・旧穂波郡中村粥田

粥にも種類があって、米を細かく挽き割って作った「割り粥」を豊臣秀吉は好んで食べたと聞く。食べなれた子どもの時からの好みを聞くと〝お育《サト》が知れる〟ことがある。

木浦岐

［キ（リ）・ウラ・キ→キウラギ］

語源は**限《キ》（リ）・末《ウラ》・処《キ》**。原義は山際に入り込んだ行き止まりの地形。或るいは、その奥まった処。勢田（袋状地形の口）から入り込んだ地形が奥まった処。

・旧遠賀郡熊手村京良城《キャウラギ》
・佐賀県東松浦郡厳木《キウラキ》

鹿毛ノ間

［カケ・ノ・マ→カケノマ／カケンマ］

語源は**欠《カ》ケ・ノ・間《マ》**。原義は土地が崩落した処。間《マ》は場所。鹿毛馬川に沿った狭間になった地形。鎌倉初期の文書に「加毛馬」の地名が見える。現在は「鹿毛馬」と表記。

佐与

［サヤ→サヨ］

語源は**莢《サヤ》（鞘）**。原義は奥行きのある細長い地形。東佐与、西佐与を口にして、庄内川に沿った川付きの平地が左右の丘陵に挟まれて綱分《ツナワキ》まで細長く続く地形。南北朝期の文書に「佐江」の地名が見える。

・旧嘉麻郡綱分村サヤ／上山田村サヤ
・旧糟屋郡乙犬《オトイヌ》村佐屋ノ元／立花口村左屋／同村佐屋ノ元

仁保

［ミ・ホ→ニホ］

語源は**ミ・穂《ホ》**。ミは接頭語。鳥尾峠から延びてきた山稜が庄内川へ突き出た地形を呼称。

鯰田

［ヌマ・ス・タ→ナマズタ］

語源は**沼《ヌマ》・洲《ス》・処《タ》**。原義は湿泥地。遠賀川の川付きの地で、氾濫した川水が退きの良くない地形だったのだろう。

三緒 【ミオ／ミ・ホ／ミ・ヲ→ミオ】

嘉麻川をさす**澪**《ミオ》のことか、または後藤寺線に沿って長く続く丘陵の**御**《ミ》**・峰**《ホ》**（尾**《ヲ》**）**のことかのどちらかだろう。対岸に鶴《ツル》（曲）三緒の地名がある。室町初期の文書に「三緒」の地名がみえる。

幸袋 【カハ・フク・ラ→コウブクロ】

語源は**川**《カハ》**・膨**《フク》**・処**《ラ》。原義は川が膨らみながら湾曲している処。福岡県袋野（夜明ダム傍）も筑後川沿いの同じ地形。

伊岐須 【ウク・ス→イキス】

語源は**浮**《ウ》**ク・洲**《ス》。原義は湿地帯。古野、建花寺、蓮台寺から流れ下る川水が伊（井）川周辺で氾濫し伊岐須に集中する地形を表したのだろう。

小正 【オ・ハサ→オバサ】

語源は**オ・狭**《ハサ》。原義は狭間になった処。オは接頭語。弁分と潤野との間の平地で、大日寺へ向かって緩い傾斜地が続く。

椿 【ツバ・キ→ツバキ】

語源は**端**《ツバ》**・処**《キ》。原義は丘陵の張りだした処。ツバキに好字の椿を当てた。帽子のツバのように幅広く張り出した処を呼ぶ。「活断層図・太宰府」によると、ここの鼻先をこするように西山活断層が走り、タテズレを起こした小さな段丘崖。平安期の文書に「椿」の地名が見える。

・旧穂波郡内野村椿谷／土師村ツハキ

・旧遠賀郡原村小椿／香月村椿ノ尻／小竹村椿

・旧鞍手郡室木村椿木《ツバキ》谷／本城村椿
・旧宗像郡池浦村椿／奴山村椿／本木《モトキ》村椿
・旧糟屋郡尾仲村椿木《ツバキ》／土井村椿田
・旧早良郡東入部村椿
・旧志摩郡東貝塚村椿尾
・旧怡土郡片山村椿町

肥後熊（隈）本城は、旧くは千葉《チバ》城と呼称。端《ツバ》↓チバと転じた呼称で丘陵の先端部に城郭を築いている。

八木（山）［ヤ・キ／ヤケ↓ヤキ］

語源は**湿《ヤ》地・処《キ》**。原義は湿地。処《キ》は場所を表す接尾語。飯塚市西方の高台で八木山川に沿った約三・五キロの細長い平地。古老の話では、昔はヤケ山といっていたと聞いたとのこと。ならば**焼《ヤ》ケ**山のことで焼畑農業を営んでいたのだろうか。室町初期の文書に「焼山」の地名が見える。

因みに近辺にヤキヤマと呼ぶ山岳は見当たらない。この一帯の高まりを〝山〟と呼んだのだろう。

・旧遠賀郡上津役村八木山

鷽（ノ谷）［オソ（イ）↓ウソ］

語源は**晩《オソ》**（イ）。原義は緩《ユル》ヤカ。八木山本村の北西、国道二〇一号線から北西へ入った細長い谷間いの緩やかな傾斜地。

「国土地理院測図」（篠栗二万五千分ノ一）では〝鶯谷〟になっているが誤記だろう。『字小名取調帳』の八木山村の項を丹念に調べたが〝鷽ノ谷〟の記載はあるが鶯谷はない。思うに、鷽↓鶯と転じたのではないか。略記したツを誤認したのだろう。ウソがウグイスに化けたとか、ウグイスがウソをついたなんてシャレにもならない。因みに、川ウソは身近な動物だった。

・福岡市東区高見台大蔵《オオゾウ》（オソ→オオゾウ）
・旧上座郡星丸村獺《ウソ》ノ口／宝珠山村ウソノ迫
・旧下座郡田代村内《ウチ》ウソ／外ウソ
・旧穂波郡内野村鶯《ウソ》ノ口／安恒村 鴬《ウグヒス》谷

建花寺［ケケ（シ）・ヂ→ケンゲイジ］

語源は**ケケ**（**シ**）・**地**《ヂ》。原義は利用できずに放置された土地。古語でいう「けけし」は素っ気ない、とっつきにくい、などの意。『源氏物語・少女』に〝あたり近くだに寄せず、いとけけしうもてなしたれば〟の文がある。『全国方言辞典』では、徳島県の例として不毛の地をいう、とある。

蓮台寺［レンダイジ］

飯塚市街から八木山への登り口右手の高台を呼ぶ。山頂付近が起伏の小さな平地状の地形であることから、修験者が布教の足場として〝蓮台〟を当てて呼称したのではないか。頭音の法則ではヤマトコトバは語頭にラ行音はこないので、ヤマトコトバとしての地名の手がかりはつかみにくい。

大日寺［オ・ヒジ→ダイニチジ］

語源は**オ**・**泥地**《ヒジ》。オは接頭語。オヒジの語音に大日如来を当てて呼称したか。近くを流れる川の氾濫原だろう。近辺は水の逃げ場のない低平地。大日寺、湿尾《シメヲ》、牟田、潤野《ウルウノ》と湿泥地を意味する地名が列ぶ。戦国末期の文書に「大日寺」の地名が見える。

明星寺［メ・セ・ヂ→ミョウジョウジ］

語源は**目**《メ》・**狭**《セ》・**地**《ヂ》。メは狭い所、窪地をいう。好字を当て音訓みした。小さく入りこんだ狭い地形。竜王山から延びてきた低い丘陵を挟んで北谷、南谷と呼ぶ小さな谷間いの土地がある。

弥山［イヤ・マ／シュミセン→ヤヤマ］

語源は**弥**《イヤ》・**間**《マ》。イヤ・マ→ヤマとなり、後世、同義の語を重ねたと思われる。また、仏教でいう**須弥山**《シュミセン》から転用呼称したか。

桑曲［クエ・マガリ→クワマガリ］

語源は**崩**《ク》**エ**・**曲**《マ》**ガリ**。原義は内野から三箇山へ抜ける狭い谷間いの、川沿いの曲がりくねった崩壊しやすい処。平成十七年七月、豪雨のため土砂崩れを起こした。

馬敷［マス・キ→マシキ］

語源は**増**《マス》・**処**《キ》。原義は周辺より高い処。戦国末期の文書に「麻敷」の地名が見える。

・熊本県益城《マシキ》郡

白旗(山)［シラ(ケル)・ハタ→シラハタ］

語源は**素**《シラ》（**ケル**）・**端**《ハタ》。原義は山崩れを起こして不毛となった地先。素《シラ》は往古、頂上付近から津島の方へ土砂崩壊を起こしたのではないか。なぜなら一帯を〝中〟と呼ぶ字《あざ》があるが、潰《ツ》ブ→チウ→チュウ→中と転じたと考えられること。また、麓近くに鎮座する撃鼓《ゲッコ》神社は崩《ク》エ処→ケゴ→ゲッコと転じたのではないか。山崩れの厄災を恐れて祀られたのが始まりかもしれない。福岡市中央区警固、早良区四箇田警固、南区警弥郷上警固などにも神社が鎮座するが何《いず》れも崩壊地形を恐れての祭祀と思われるのと同じ。

白旗山からの土砂崩壊が庄司川の流れに何らかの影響を与えたのではないか。そのため上流方が水はけの悪い湿地帯を意味する〝庄司（→

濡《シホ》ホ地《チ》）〃と呼ばれるようになったと推測する。

日焼［ヒヤケ］

日照りにあったように乾燥しやすい土地のようで、一般に水利の不便な地を呼称（日焼田《ヒヤケダ》）。

日焼の小字地名がある旧村を次にあげる。

・旧嘉麻郡牛隈村、西郷村、貞月村、仁保村、有安村、千手村、入水村

・旧穂波郡飯塚村、瀬戸村、小正村、弁分村

千手［セノス→センズ］

語源は**瀬《セ》ノ洲《ス》**。現地は嘉穂町の中央域で集落に向かって中村、正手、大力から流れ下る川が集中する処。千手観音から転用した当て字だろう。

桂川［カツ・ラ→ケイセン］

語源は**搗《カツ》・処《ラ》**。原義は土地が崩壊した処。搗《カツ》処《ラ》→桂川→ケイセンと転じた。泉川河《イズミコウチ》川（旧称桂川）の作用で崩壊した地形を呼称したのだろう。明治二十二年（一八八九）に〃桂川〃村が成立。

◉その他

肥(ノ国)［ヒ］＊熊本県・佐賀県・長崎県

語源は干《ヒ》。原義は干潟。肥ノ国は有明海を取り囲む地域を呼ぶ。その最大の特徴は干満の差が大きく、退けば遠浅の干潟が続き、満ち来れば海水は見るみるうちに干潟を覆いつくす。遡る潮の勢いはひたひたと急かされるように陸地に迫る。

ヒは干潮時の状景を呼称し好字の肥《ヒ》を当てたと思う。すぐ目の前で起こる自然現象は老若男女を問わず誰しも目にする日常茶飯事。これに比べて阿蘇、雲仙の火山活動は珍らしい現象。

日向神［ヒマ・ガ・ミ→ヒュウガミ］＊八女市

語源は**隙**《ヒマ》・**ガ**・**廻**《ミ》。廻《ミ》は場所を大まかに示す接尾語。原義は隙間。よって日向神川は〝急崖の隙間を流れる川〟の意。横手界隈から矢部川と合流する川口までの川の名だが、その合流点はダムの底に沈みヒマガミの景観が実感できなくなった。

矢部［イハ・ヘ→ヤベ］＊八女市

語源は**岩**《イハ》・**辺**《ヘ》。原義は岩場の続く処。因みに八女はイハ・ヘ→ヤベ→ヤメと転じた呼称だろう。

久住(山)［クシ・フル→クジュウ］＊大分県

『地名用語語源辞典』では久住山の古名は朽網《クタミ》山と称し、火山活動による崩壊地形の意味。

久住山界隈で修験活動が始まったのは中世期。最盛期には六院十六坊が在ったという。南山麓の猪鹿狼寺《イカラジ》、北山麓では星生院金山坊、山中の白水寺法華院が中心となった。こうした修験者(山伏)たちの足あとが山名、地名として残った。

語源は**串**《クシ》・**震**《フル》。串《クシ》(櫛)は上下、左右を問わず突き出した地形を呼ぶ。震《フル》はフルエルで『日本書紀』に神霊・生命の活力を呼びさます意の文がある。原義は高く突き出た神聖な山。『日本書紀』の「槵触之峰《クシフル》」から採り呼称したのだろう。西千里ガ浜から眺めた印象そのまま。

牧（ノ戸）［マク→マキ］＊大分県

語源は**巻ク**《マ》。原義は丸く張り出した地形。黒岩山の裾が牧ノ戸温泉付近から筋湯へ向かって巻くように丸くめぐっている。

・福岡市東区牧ノ鼻
・熊本県阿蘇郡牧ノ戸

星生（山）［ハシ・フ→ホッショウ］＊大分県

語源は**端**《ハシ》・**節**《フ》。原義は久住山を中にして西端に位置する高まり（節《フ》）の山。星は北極星や北斗七星のように、密教にとって重要な存在。

稲星（山）［ウネ・ハシ→イナボシ］＊大分県

語源は**畝**《ウネ》・**端**《ハシ》。原義は星生、久住、稲星と連なる畝（尾根）の東端に座する山。南麓の久住高原からの眺めで確認できる。

法華院［ハケ・ヰ→ホッケイン］＊大分県

語源は**崖**《ハケ》（**吐**《ハ》**ケ**）・**井**《ヰ》。原義は湯の湧出する崖地。ハゲは吐《ハ》ケと同義。湧蓋《ワイタ》山麓に峐《ハゲ》ノ湯温泉がある。

大鍋・小鍋［ナメ（ル）→オオナベ・コナベ］＊大分県

語源は**滑**《ナ》**メ（ル）**。原義は滑るような急傾斜地。三俣山頂上の北側に在る大、小二つの窪地。鍋は古くから使われ、釜よりも底が浅く手軽に煮炊きできる道具。把手のツルが付くのは中世期に入ってから（『風俗辞典』）。

平治（岳）［ヒジ→ヒイジ］＊大分県

語源は**肘**《ヒジ》。ヒジがヒイジと長音化するのは中世期の現象。原義は頂上付近の登山道が肘を折ったような地形を呼称。語音に近い好字を当てた。

ソババッケ［ソハ・ハケ→ソババッケ］＊大分県

語源は**岨**《ソハ》・**崖**《ハケ》（**吐**《ハ》**ケ**）。原義は険しい急崖の地形。ソハがソバと濁るのは中世期に入ってからの現象。男池から坊ヶツルへ抜ける大戸越の手まえ。大きな急斜面の窪地。

・早良区祖原（ソハ・ラ）山

・大分県祖母（ソハ→ソボ）山

佐渡（ヶ窪）［サ・ト→サド］＊大分県

語源は**狭**《サ》・**処**《ト》。原義は、さほど広くない処。法華院温泉から鉾立峠を越えると佐渡ヶ窪の小さな窪地に出る。

鍋割（峠）［ナメ・ワリ→ナベワリ］＊大分県

語源は**滑**《ナ》**メ**・**裂**《ワ》**リ**。原義は狭い急勾配の処。ここからクタミ分かれまでの間は山を裂いたような狭い急崖の登山道。苔むした岩場が続き滑りやすい地形。

猪鹿狼寺［イカ（ル）・ラ・ヂ→イカラジ］＊大分県

語源は**厳**《イカ》**（ル）**・**処**《ラ》・**地**《ヂ》。緩い上り勾配の坂道がこの辺りから山頂へ向かって急坂になる地点。付近のケヤキの大樹は神木として植えたのだろうか。真北（北極星）に久住山頂が望まれ密教布教の場だった。狼は密教でいう大神。

(東)国原 ［コク(ル)・ハル→コクバル］＊宮崎県

語源は**刳《コク》**（ル）・**墾《ハル》**。原義はこすり取られたような崩壊地形。稲をコクと同じ語源。霧島火山群の地形が崩壊したことをさしていると思われる。ハルは開墾地。地名に東、西などが付くのは中世期に入ってから。

英彦(山) ［ホ・コ→ヒコ］＊田川郡

語源は**秀《ホ》**（**穂**）・**処《コ》**。原義は高く抜きん出た処。英彦山火山群の主峰として古くから山岳信仰の対象となる。廻国修験者たちが祈祷札や不老円（薬種）を配りながら登拝を勧め信者の獲得に努めた。元禄九年（一六九六）には幕府より天台宗修験別格本山と認められ、名を彦山（旧日子山）から英彦山と改めた。

求菩提(山) ［クボ・テ→クボテ］＊豊前市

語源は**窟《クボ》**・**手《テ》**。原義は岩窟の多い辺《あた》り。手《テ》は場所を表す接尾語。修験道場らしく岩場の多い山。

鞠智城 ［クク(ム)チ→キクチ］＊熊本県

語源は**含《クク》**（ム）・**地《チ》**。原義は周囲を包み込まれたような地形。大野城、基肄《きい》城とならぶ肥後の古代山城。語音に好字を当てた。

不知火 ［シル・ノ・ヒ→シラヌイ］＊熊本県

語源は**湿地《シル》**・**ノ**・**干《ヒ》**。原義は湿地干潟の広がる所か。または助詞ノが転じた音か。或いは、沼《ヌ》のことだろうか。いずれにしろ、宇土半島のつけねから八代市にかけて広い湿泥地や干潟の続く地形をシラヌイと呼称したものと思われる。ヒは干潟を呼称。

『岩波古語辞典』では次のように説明している。不知火の意とするが、奈良時代には火はFïの音で別語。

また『新選古語辞典』（小学館）でも「不知火の故事とは関係がない」と否定している。因みに〝有明海〟の呼称は明治三十九年（一九〇六）刊『佐賀県案内』が初見。それまでは北側（福岡県、佐賀県、長崎県に囲まれた海域）を筑紫海、南側（熊本県、長崎県に囲まれた海域）を嶋原海湾と呼称していたらしい。

天草［アマ・クサ（ル）→アマクサ］＊熊本県

語源は**海**《アマ》**・鎖**《クサ》**（ル）**。原義は大小の島々が鎖《クサ》りのように連なる海。宇土半島を境にして北域の有明海には島一つないが、南側の八代海には大小の島々が連なる特徴を見せる地形を呼称。両海の共通点は遠浅の海辺が続くことだろう。

コシキ島 ＊鹿児島県、長崎県

①**甑島**（鹿児島県薩摩川内市）

語源　**層**《コシ》**・処**《キ》

原義　地層が幾重にも重なった縞状の島。五重塔などの裳階《もこし》のように、屋根と括《くび》れの部分が幾重にも積み重なることから、層になった状態をコシと呼ぶ。

②**古志岐島**（長崎県佐世保市久島町）

語源　**腰**《コシ》**・処**《キ》

原義　人の腰のように括れた島。島影は概ね円錐形だが、斜面が崩落している箇所があり歪《いび》つな凸形。

金国（山）［カネ・クネ（ル）→カナクニ］＊田川市

福岡県田川市にある山。語源は**矩**《カネ》**・曲**《クネ》**（ル）**。

原義は曲がった地形。当て字に国を使うようになるのは中世期に入ってから。往昔、山頂に妙見宮が祀られていたそうだ。〝妙見〟と呼ばれる地名の南には必ずと言っていいほど仏教(密教)関係の施設なり地名がある。事実、金国山の南には釈迦岳が座している。また東区名島妙見島の南には筥崎八幡宮が座する。

戸谷ヶ岳 [タヲ(ム)→トヤ→トヤガタケ]＊田川郡

川崎町に在る山。山の背が一段くぼんでいる処を**タヲム**と称し、タワムと同じ語源。山頂が二つに分かれているが一つの山として見たてた呼称だろう。立花山は三峰を合せて呼称。

日(岳) [ホ→ヒ]＊田川郡

添田町にある山。語源は**穂**《ホ》(秀)→**火**《ヒ》。周囲より抜き出て目立つ峰(岳)であるため、往古は穂岳と呼ばれていたのかもしれない。山容の特異さが山岳宗教の対象となり布教の場とされたのではないか。修験者(山伏)がゴマの火を焚いて祈願した処からさらに火《ホ》→日《ヒ》と転じたと思われる。

宝(ヶ岳) [ハフ→ホウ]＊田川郡

添田町にある山。語源は**這**《ハ》**フ**。原義は頂上付近が横長の地形。ハフ→ホー→と転じ、佳字の宝(珠)を当てた。

仏来(山) [フクラ(ム)→ブク]＊田川郡

添田町にある山。語源は**膨**《フク》**ラ**(**ム**)。原義は山容が膨らんだように見える地形。一般には佳字の福を当てるものだが(福岡、福崎など)英彦山に近い処からフクの語音に仏教に関わる文字を当てたのだろう。

御許(山)［オ・モト(ル)→オモト］＊田川郡

赤村にある山。**オ**は接頭語。語源は**悖《モト》(ル)**。原義は歪《ユガ》ム、曲《マ》ガル。尾根すじが曲がっている山の意だろう。

貫［ヌケ(ル)→ヌケ］＊北九州市

小倉南区。語源は**抜《ヌ》ケ(ル)**。原義は地滑りをおこした処。貫川上流に土砂災害の厄除けを願っての芝津(↑シバク)神社と山神社が、山麓近くには八皇子神社が鎮座する。シバクは打つ、殴打するの意から土砂崩壊した地形を呼称する。土砂崩壊でヌケた先が曽根(↑粗《ソ》地《ネ》)で荒れ地をさす。

唐津［カレ・ス→カラツ］＊佐賀県

語源は**涸《カ》レ・洲《ス》**。原義は松浦川河口一帯に広がる洲の中で、乾いて利用できるようになった所。松浦《マツラ》の語源は湿地《マチ》・処《ラ》で湿地帯をさす。カレの語音に、文化先進国の〝唐〟を当てたと思われる。

平戸［ヒラノト→ヒラント→ヒラド］＊長崎県

語源は**急斜《ヒ》面《ラ》ノ処《ト》**。原義は急斜面がすぐに海に落ちている処。文禄四年(一五九五)、ポルトガル人作成の日本専図(海図)には firanto と表記されている。この頃は、ハ行音はファ行音で発音されていた(姪ノ浜＝menofama)。因みに対岸は田平《タヒラ》で、地形が平戸に比べて平面だということだろう。

・福岡市東区志賀島弘《ヒロ》(↑ヒラ)

◉地名余談　「モズ」考

関西のＪＲ阪和《はんわ》線に「百舌鳥《もず》」という駅が仁徳天皇陵の南角にある。この地名について、『地名用語語源辞典』では、語源はモズク（ちぎる、捥《も》ぐ）で、原義は「ちぎられたような地形→崩壊地形」と説明している（捥ぐは果実を捻《ね》じって穫《と》る意味）。

　モズの語音に百舌鳥の漢字を当てた理由は理解できるが、この鳥をなぜモズと呼ぶのかの説明にはならない。動作を観察していると、木の枝にとまっているとき尻尾をクルーリ、クルーリと捻じるように廻す。それが猛禽類に似合わず、軽いおかしみを感じさせることから呼称されるようになったのではないか。

ラン科の植物の捻《ネ》ジ花《バナ》は小さな花を茎の周囲に螺旋《らせん》階段のように付ける。『牧野植物図鑑』では、古名の捩摺《モジズリ》は花の付き方が捩《モジ》レて摺《ズリ》下がったように見えるからだろう、と説明している。つまり語源はモズク→捩《モジ》ル（『宇治拾遺』）で原義は捻《ネ》ジル。

　一方、海藻のモズクは「乱《モツ》レル」（浮世草子『好色万金丹』）意味ではないか。ホンダワラ類に付着して生育する容《すがた》は頭髪がモジャモジャと乱れたように海面近くに漂う。

　いずれも、モズクの意味を大きく包括的に捉えると、「直《タダ》」に対する「曲」をさすのではないかと思われる。

あとがき

本書では、ヤマトコトバを手がかりに地名の原義を探った。これを単なるゴロ合わせのように受けとる人がいるが、地理、歴史を現地の地名呼称とつき合わせて考察し解釈したものだ。

各地を巡ってわかったことは、地名の由来については伝説や、当てた漢字に択われた解釈が蔓延していること。国語、歴史、地理、宗教その他を総合した視点での科学的論拠は聞かれなかった。

古地名は単なる符号ではない。そこには様ざまに変化する大地を生活にとり込んだ先人の生きた記憶がある。現代に生きる我々は、失われた地名に光を当て、活用すべきだと思う。本書が読者の居住する地域の地名について改めて見直すヒントになれば幸いだ。また、福岡市などが発行している「防災地図《ハザードマップ》」と重ねて、自分の居住地が天災常襲地域であることに気付いてもらえればその手がかりにもなろう。

また、その資料とした各地の「土地条件図」「都市圏活断層地図」(国土地理院)を熟読すれば、より詳しい情報が得られると思う。ぜひ、おすすめする。

本書の決定稿を得るまでに、藤村興晴編集長から疑問点について多くの鋭い指摘、当を得た助言、面倒な地理的概念図を作成していただいた。また、少なからぬ補訂の労を煩わせた。お陰で本書の内容が足腰を強くしたことはいうまでもない。記して感謝の意を表する。

地名研究のセオリーに従って、つとめて現地をたずね歩いた。そして、その折おりに、例えば鹿児島県の下甑島の海辺から奥の観音滝までを歩きながら、或いは久住連山の一つ、涌蓋山の裾から峠ノ湯へ抜ける山道で思わず口をついて出た歌があった。

葛の花　踏みしだかれて、色あたらし。この山道を行きし人あり　　釈迢空

地図を片手に歩きながら、からだで地形を確かめ憶えた。歩くことは子どもの時から常だったので平気だった。

歩くのに免許証は不要。どこまでも、とにかく、よく歩いた。

平成二十四年十二月　　著者

参考資料

『古代地名語源辞典』 楠原佑介他編著　東京堂出版
『地名用語語源辞典』 楠原佑介他編著　東京堂出版
『福岡県の地名』（日本歴史地名大系41） 平凡社
『コンサイス日本山名辞典』 徳久球雄編　三省堂
『岩波仏教辞典』 岩波書店
『民俗学辞典』 柳田国男監修　東京堂出版
『福岡平野の古環境と遺跡立地』 小林茂他編　九州大学出版会
『岩波古語辞典』 大野晋他編　岩波書店
『ことばの知識百科』 三省堂
『日本語の歴史』 山口明穂他　東京大学出版会
『日本語の歴史』 亀井孝他　平凡社
『日本語練習帳』 大野晋　岩波書店
『日本語をさかのぼる』 大野晋　岩波書店
『修験道の本』 学習研究社
『宝満山歴史散歩』 森弘子　葦書房

『筑前国続風土記』貝原益軒
『筑前国続風土記拾遺』青柳種信
『福岡県地理全誌』福岡県
『筑前国字小名取調帳』内務省地理局
『香椎宮史』広渡正利　文献出版
『福岡県埋蔵文化財発掘報告書』福岡県教育委員会
『福岡市埋蔵文化財発掘報告書』福岡市教育委員会
『福岡市文化財地図』福岡市教育委員会
「土地利用図・福岡」国土地理院
「土地条件図・福岡」国土地理院
「都市圏活断層地図・福岡」国土地理院
「　〃　直方」国土地理院
「　〃　太宰府」国土地理院
「福岡地盤図」九州地質調査業協会
「二万分ノ一地形図」明治三十三年測図　大日本帝国陸地測量部
「五万分ノ一地形図」地理調査所
「二万五千分ノ一地形図」国土地理院

『福岡市付近の平坦面の地史学的研究』（九州大学教養部地学研究報告第八巻）　浦田英夫　九州大学出版会
『ふるさと飛行　福岡県航空写真集』西日本新聞社
『九州のスギとヒノキ』宮島寛　九州大学出版会
『改定・福岡無名山』滝沢昭一　西日本新聞社
『英語地名の話』C・M・マシューズ　朝日イブニングニュース社
『イングランドの街路名』渡辺和幸　鷹書房弓プレス
『アメリカ人名事典　アメリカファーストネームの由来と歴史』G・R・スチュアート（森康男訳）北星堂書店
『平戸英国商館日記』皆川三郎　篠崎書林
『新編　明治維新神佛分離史料　第十巻　九州沖縄編』（「筥崎宮神仏分離に関する調査」筑紫頼定報）名著出版

池田善朗（いけだ　よしろう）

昭和８年11月15日、福岡市箱崎生まれ。
長く小学校教員を務める。地元の公共図書館の郷土資料整理に携わったのを機に、本格的な地名研究を始める。日本児童文学者協会会員。著書に『筑前故地名ばなし』（海鳥社）、『ちびすけきかんしゃ』、紙芝居脚本『ちいさなきかんしゃ』〈文部省選定〉（以上童心社）、『しゃっくりこんぺい』（太平出版社）、共著に『犯人はだれだ』（偕成社）、『タイムトラベル地下鉄へどうぞ』（講談社）、『文章表現力の育成をはかる意見文の指導』（明治図書）など多数。

地形から読む　筑前《ちくぜん》の古地名《こちめい》・小字《こあざ》

二〇一三年二月一日初版第一刷発行

著　者　池田善朗
発行者　福元満治
発行所　石風社
福岡市中央区渡辺通二－三－二十四
電　話　〇九二（七一四）四八三八
ＦＡＸ　〇九二（七二五）三四四〇

印刷・製本　大同印刷株式会社

*価格は税込（5パーセント）です

佐藤正彦
福岡城天守を復原する

築城の名手・黒田如水とその子長政。新発見の文書や「九州諸城図」をはじめ注目史料を読み解きながら、天守はなかったとされてきた福岡城の実像を提示し、天守破却の謎にまで迫る労作
1995円

武野要子
悲劇の豪商・伊藤小左衛門

東アジアの海を駈けめぐった中世博多商人の系譜を受け継ぎ、黒田の御用商人として近世随一の豪商にのぼりつめながら、禁制を破った朝鮮への武器密輸にて処刑。鎖国に揺れる西国にあって、海を目指して歴史から消えた博多商人の生涯
1575円

「海路」編集委員会編
海路　第2号　特集・九州のもてなし文化

〈目次〉特集1「九州のもてなし文化」／特集2「九州の唐人町」（福岡市・八女市・唐津市・長崎市・五島・大分市・臼杵市・国分市・都城市ほか）／座談・日本の庭園文化／明末・中国人の琉球渡海記他
1260円

斎藤泰嘉
佐藤慶太郎伝　東京府美術館を建てた石炭の神様

日本のカーネギーを目指し、日本初の美術館を建て、戦局濃い中「美しい生活とは何か」を希求し続けた九州若松の石炭商の清冽な生涯。「なあに、自分一代で得た金は世の中んために差し出さにゃ」。佐藤新生活館は現在の山の上ホテルに　**【2刷】2625円**

北川晃二
逃亡／月明

日中戦争末期、弛緩した戦線から突如逃亡をはかった二人の兵士と、その追跡の任にあたった兵士の間の内面の葛藤を描き、火野葦平から激賞された長篇「逃亡」。福岡の文壇を領導した北川晃二の、長く絶版状態だった代表作二作を収めた作品集
1575円

*福岡赤煉瓦文庫1
森下友晴
福岡の歴史的町並み　門司港レトロから博多、柳川まで

歴史と情緒が織りなす景観。そして暮らしの記憶——。県内十一ヶ所の町並みの成り立ちと現在を解説し、未来に向けて提言するハンディなガイドブック。〈紹介エリア〉門司港・木屋瀬・英彦山・博多の下町・太宰府・秋月・吉井・八女他
1365円

*読者の皆様へ　小社出版物が店頭にない場合は「地方小出版流通センター扱」とご指定のうえ最寄りの書店さんにご注文ください。なお、お急ぎの場合は直接小社宛ご注文くだされば、代金後払いにてご送本致します（送料は不要です）。